元至正本大戴禮記

漢 戴德撰 北周 盧辯注

中國國家圖書館藏元至正十四年嘉興路儒學刻本（清嵇承謙校）

山東人民出版社·濟南

圖書在版編目（CIP）數據

元至正本大戴禮記 /（漢）戴德撰；（北周）盧辯注 .— 濟南：山東人民出版社，2024.3
（儒典）
ISBN 978-7-209-14345-5

Ⅰ.①元… Ⅱ.①戴… ②盧… Ⅲ.①《禮記》-注釋 Ⅳ.① K892.9

中國國家版本館 CIP 數據核字（2024）第 036164 號

項目統籌：胡長青
責任編輯：劉嬌嬌
裝幀設計：武　斌
項目完成：文化藝術編輯室

元至正本大戴禮記
〔漢〕戴德撰　〔北周〕盧辯注

主管單位　山東出版傳媒股份有限公司
出版發行　山東人民出版社
出 版 人　胡長青
社　　址　濟南市市中區舜耕路517號
郵　　編　250003
電　　話　總編室（0531）82098914
　　　　　市場部（0531）82098027
網　　址　http://www.sd-book.com.cn
印　　裝　山東華立印務有限公司
經　　銷　新華書店

規　　格　16開（160mm×240mm）
印　　張　17.5
字　　數　140千字
版　　次　2024年3月第1版
印　　次　2024年3月第1次
ISBN 978-7-209-14345-5
定　　價　42.00圓

《儒典》選刊工作團隊

學術顧問　杜澤遜　李振聚　徐　泳

項目統籌　胡長青

責任編輯　劉　晨　劉嬌嬌　張艷艷

呂士遠　趙　菲　劉一星

前言

中國是一個文明古國、文化大國，中華文化源遠流長，博大精深。在中國歷史上影響較大的是孔子創立的儒家思想，因此整理儒家經典、注解儒家經典，爲儒家經典的現代化闡釋提供权威、典范、精粹的典籍文本，是推進中華優秀傳統文化創造性轉化、創新性發展的奠基性工作和重要任務。

中國經學史是中國學術史的核心，歷史上創造的文本方面和經解方面的輝煌成果，大量失傳了。西漢是經學的第一個興盛期，除了當時非主流的《詩經》毛傳以外，其他經師的注釋後來全部失傳了。東漢的經解衹有鄭玄、何休等少數人的著作留存下來，其餘也大都失傳了。南北朝至隋朝興盛的義疏之學，其成果僅有皇侃《論語疏》幸存於日本。五代時期精心校刻的《九經》、北宋時期國子監重刻的《九經》以及校刻的單疏本，也全部失傳。南宋國子監刻的單疏本，我國僅存《周易正義》、《爾雅疏》、《春秋公羊疏》（三十卷殘存七卷）、《春秋穀梁疏》（十二卷殘存七卷），日本保存了《尚書正義》、《毛詩正義》、《禮記正義》（七十卷殘存八卷）、《周禮疏》（日本傳抄本）、《春秋公羊疏》（日本傳抄本）、《春秋正義》（日本傳抄本）。南宋兩浙東路茶鹽司刻八行本，我國保存下來的有《周禮疏》、《禮記正義》、《春秋左傳正義》（紹興府刻）、《論語注疏解經》（二十卷殘存十卷）、《孟子注疏解經》（存臺北『故宮』），日本保存有《周易注疏》《尚書正義》（凡兩部，其中一部被清楊守敬購歸）。南宋福建刻十行本，我國僅存《春秋穀梁注疏》、《春秋左傳注疏》（六十卷，一半在大陸，一半在臺灣），日本保存有《毛詩注疏》《春秋左傳注疏》。從這些情況可以看出，經書代表性的早期注釋和早期版本國内失傳嚴重，有的僅保存在東鄰日本。

鑒於這樣的現實，一百多年來我國學術界、出版界努力搜集影印了多種珍貴版本，但是在系統性、全面性和準確性方面都還存在一定的差距。例如唐代開成石經共十二部經典，石碑在明代嘉靖年間地震中受到損害，明代萬曆初年西安府學等學校師生曾把損失的文字補刻在另外的小石上，立於唐碑之旁。近年影印出版唐石經拓本多次，都是以唐代石刻與明代補刻割裂配補的裱本爲底本。由於明代補刻采用的是唐碑的字形，這種配補本難以區分唐刻與明代補刻，不便使用，亟需單獨影印唐碑拓本。

爲把幸存於世的、具有代表性的早期經解成果以及早期經典文本收集起來，系統地影印出版，我們規劃了《儒典》編纂出版項目。

《儒典》出版後受到文化學術界廣泛關注和好評，爲了滿足廣大讀者的需求，現陸續出版平裝單行本。共收録一百十一種元典，共計三百九十七册，收録底本大體可分爲八個系列：經注本（以開成石經、宋刊本爲主。開成石經僅有經文，無注，但它是用經注本删去注文形成的）、經注附釋文本、纂圖互注本、單疏本、八行本、十行本、宋元人經注系列、明清人經注系列。

《儒典》是王志民、杜澤遜先生主編的。本次出版單行本，特請杜澤遜、李振聚、徐泳先生幫助酌定選目。特此説明。

二〇二四年二月二十八日

目録

元至正甲午嘉興
路總管劉貞重刻
韓元吉本大戴禮記

漢儒傳經雖未必盡純而其間多可采者若大戴禮按漢書儒林傳戴聖字次君嘗為信都太傅今大戴禮乃題九江太守戴德撰也宣和間山陰傅崧卿蓋已病其訛謬以為世巨漢史而大戴禮獨傳後人渠知德為信都太傅歟其為書凡十三卷總四十篇隨志亦以為十三卷而夏小正別為卷唐志但云十三卷而無夏小正之別至傅氏釐析經傳始可讀然今不敢鈔入傅氏說懼紊舊章也若崇文總目則十卷而云三十五篇者無諸本可定也或謂漢儒得記禮之書凡二百四篇戴德刪之為八十五篇謂之

大戴禮聖又刪德之書為四十九篇謂之小戴禮小戴為人見何武傳此所不論然大戴禮首題三十九終八十一凡四十三篇中间缺者四篇重出一篇其不可復見者則三十八篇故不終合於八十篇之數其缺者既不可復見抑聖取以為小戴之書歟其間禮察篇與小戴經解同曾子大孝篇與祭義同勸學則荀卿首篇也哀公問投壺二篇盡在小戴書然其諸書亦多有可采潁川韓元吉在淳熙間得范太史家本校定蓋已謂小戴取之以記禮其文無所刪者也若夫此書取舍保傅等篇雖見於賈誼政事書然

其間增益三公三少之責任與夫胎教古必有其說
否則不應有是也亟於文王官人篇則與汲冢周書
官人解相出入夫汲冢書出於晉太康中不審何由
相似也若公符成王祝辭而稱陛下於考古何居餘
諸篇先儒取以為訓論者謂其探索陰陽窮析物理
推本性命嚴禮樂之辨究數度之詳要皆有所受來
弟不可致詰然其為書度越諸子也明已海岱劉
庭榦父以中朝貴官出為嘉興路揔管政平訟理暇
其先府君御史公節軒先生所藏書刊諸梓寘之與
宮大戴禮其一也遂昌鄭元祐鄉嘗學於金華胡汲

仲先生之門每以諸生拜御史公得聞緒論上下數
千載疊疊忘倦而公位不究德故始發於嘉興公公
令之祐嘗承教於御史公也故俾元祐識之卷首云

甲午十二月朔旦序

据盧文弨名弓校定本重校

大戴禮記卷一之三

卷一

卷二

卷三

保傅第四十八

大戴禮記卷第一

漢九江太守戴德

主言第三十九

孔子閒居曾子侍孔子曰參今之君子惟士與大夫之言之聞也其至於君子之言者甚希矣於乎吾主言其不出而死乎哀哉曾子起曰敢問何謂主言孔子不應曾子懼肅然摳衣下席曰弟子知其不孫也得夫子之閒也難是以敢問也孔子不應曾子懼退負序而立孔子曰參女可語明主之道與曾子曰不敢以為足也得夫子之閒也難是以敢問孔子曰吾

語女道者所以明德也德者所以尊道也是故非德不尊非道不明雖有國焉不教不服不可以取千里里一本作埋雖有博地衆民不以其地治之不可以霸主是故昔者明主內脩七教外行三至七教脩焉可以守三至行焉可以征七教不脩雖守不固三至不行雖征不服是故明主之守也必折衝乎千里之外其征也衽席之上還師是故內脩七教而上不勞外行三至而財不費此之謂明主之道也曾子曰敢問不費不勞可以為明乎孔子愀然揚麋麋一作眉曰參女以明主為勞乎昔者舜左禹而右皐陶不下席而天下

治夫政之不中君之過也政之旣中令之不行職事者之罪也明主奚爲其勞也昔者明主關譏而不征市鄽而不稅稅十取一使民之力歲不過三日入山澤以時有禁而無征（一作入山澤以時而不禁夫圭田無征）此六者取財之路也明主捨其四者而節其二者明主焉取其費也曾子曰敢問何謂七教孔子曰上敬老則下益孝上順齒則下益悌上樂施則下益諒上親賢則下擇友上好德則下不隱（一作上好德則下隱慝）上惡貪則下恥爭上強果則下廉恥民皆有別則貞則正亦不勞矣此謂七教七教者治民之本也教定是正矣上者民

如與而古通用後仿此

之表也表正則何物不正是故君先立於仁則大夫忠而士信民敦工璞商慤女憧婦空空七者教之志也七者布諸天下而不窕內諸尋常之室而不塞是故聖人等之以禮立之以義行之以順而民棄惡也如灌曾子曰弟子則不足道則至矣孔子曰參姑止又有焉昔者明主之治民有法必別地以州之分屬而治之然後賢民無所隱暴民無所伏使有司日省如時考之歲誘賢焉則賢者親不肖者懼使之哀鰥寡養孤獨恤貧窮誘孝悌選賢舉能此七者脩則四海之內無刑民矣上之親下也如腹心則下之親上

也如保子之見慈毋也上下之相親如此然後令則從施則行因民既邇者說遠者來懷然後布指知寸布手知尺舒肘知尋十尋而索百步而堵三百步而里千步而井三井而句烈三句烈而距五十里而封百里而有都邑乃爲畜積衣裘焉使處者恤行者有典亡是以蠻夷諸夏雖衣冠不同言語不合莫不來至朝覲於王故曰無市而民不乏無刑而民不違畢弋田獵之得不以盈宮室也徵斂於百姓非以充府庫也慢怛以補不足禮節以損有餘故曰多信而寡貌其禮可守其信可復其跡可履其於信也如四時

春秋冬夏其博有萬民也如飢而食如渴而飲下土
之人信之夫暑熱凍寒遠若邇非道邇也及其明德
也是以兵革不動而威用利不施而親此之謂明主
之守也折衝乎千里之外此之謂也曾子曰敢問何
謂三至孔子曰至禮不讓而天下治至賞不費而天
下之士說至樂無聲而天下之民和明主篤行三至
故天下之君可得而知也天下之士可得而臣也天
下之民可得而用也曾子曰敢問何謂也孔子曰昔
者明王以盡知天下良士之名旣知其名又知其數
旣知其數又知其所在明主因天下之爵以尊天下

之士此之謂至禮不讓而天下治因天下之祿以富天下之士此之謂至賞不費而天下之士說天下之士說則天下之明譽興此之謂至樂無聲而天下之民和故曰所謂天下之至仁者能合天下之至親者也所謂天下之至知者能用天下之至和者也所謂天下之至明者能選天下之至良者也此三者咸通然後可以征是故仁者莫大於愛人知者莫大於知賢政者莫大於官賢有土之君脩此三者則四海之內拱而俟然後可以征明主之所征必道之所廢者也彼廢道而不行然後誅其君致其征弔其民而不

三百八十七字

簡一本作蕳

奪其財也故曰明主之征也猶時雨也至則民說矣是故行施彌博得親彌衆此之謂衽席之上乎還師

哀公問五義第四十

魯哀公問於孔子曰吾欲論吾國之士與之爲政何如者取之孔子對曰生乎今之世志古之道居今之俗服古之服舍此而爲非者不亦鮮乎哀公曰然則今夫章甫句屨紳帶而縉笏者此皆賢乎孔子曰否不必然今夫端衣玄裳冕而乘路者志不在於食葷斬衰簡屨杖而歠粥者志不在於飲食故生乎今之世志古之道居今之俗服古之服舍此而爲非者雖

有不亦鮮乎哀公曰善何如則可謂庸人矣孔子對曰所謂庸人者口不能道善言而志不邑邑不能選賢人善士而託其身焉以爲已憂動行不知所務止立不知所定日選於物不知所貴從物而流不知所歸五鑿爲政心從而壞若此則可謂庸人矣哀公曰善何如則可謂士矣孔子對曰所謂士者雖不能盡道術必有所由焉雖不能盡善盡美必有所處焉是故知不務多而務審其所知行不務多而務審其所由言不務多而務審其所謂知既知之行既由之言既順之若夫性命肌膚之不可易也富貴不足以益

校層本作何如可謂賢人矣舊本皆無可字

貧賤不足以損若此則可謂士矣哀公曰善何如則可謂君子矣孔子對曰所謂君子者躬行忠信其心不買仁義在己而不害不志聞志廣博而色不伐思慮明達而辭不爭君子猶然如將可及也而不可及也如此可謂君子矣哀公曰善敢問何如謂賢人矣孔子對曰所謂賢人者好惡與民同情取舍與民同統行中矩繩而不傷於本言足法於天下而不害於其身躬爲匹夫而願富貴爲諸侯而無財如此則可謂賢人矣哀公曰善敢問何如可謂聖人矣孔子對曰所謂聖人者知通乎大道應變而不窮能測萬物

之情性者也大道者所以變化而凝成萬物者也情性也者所以理然不然取舍者也故其事大配乎天地參乎日月雜於雲蜺總要萬物穆穆純純其莫之能循若天之司莫之能職百姓淡然不知其善若此則可謂聖人矣哀公曰善孔子出哀公送之

哀公問於孔子第四十一

哀公問於孔子曰大禮何如君子之言禮何其尊也

孔子曰丘也小人何足以知禮君曰否吾子言之也

孔子曰丘聞之也民之所由生禮為大非禮無以節事天地之神明也非禮無以辨君臣上下長幼之位

葬小戴作葬

也非禮無以別男女父子兄弟之親昏姻疏數之交
也君子以此之爲尊敬然然後以其所能教百姓不
廢其會節有成事然後治其雕鏤文章黼黻以嗣其
順之然後言其喪葬備其鼎俎設其豕腊脩其宗廟
歲時以敬祭祀以序宗族則安其居處醜其衣服卑
其宮室車不雕幾器不刻鏤食不貳味以與民同利
昔之君子之行禮者如此公曰今之君子胡莫之行
也孔子曰今之君子好色無厭淫德不倦荒怠敖慢
固民是盡忤其衆以伐有道求得當欲不以其所古
之用民者由前今之用民者由後今之君子莫爲禮

按大昏至矣句下錯簡在後

也孔子侍坐於哀公哀公曰敢問人道誰爲大孔子愀然作色而對曰君及此言也百姓之德也固臣敢無辭而對人道政爲大公曰敢問何謂爲政孔子對曰政者正也君爲正則百姓從政矣君之所爲百姓之所從也君所不爲百姓何從公曰敢問爲政如之何孔子對曰夫婦別父子親君臣嚴三者正則庶民從之矣公曰寡人雖無似也願聞所以行三言之道可得而聞乎孔子對曰古之爲政愛人爲大所以治愛人禮爲大所以治禮敬爲大敬之至也大昏爲大大昏至矣大爲身也者親之枝也敢不敬與不能敬

古人爲政一本作古之爲政不有其身一本作不能有其身

其身是傷其親傷其親是傷其本傷其本枝從而亡三者百姓之象也身以及身子以及子配以及配君子行此三者則愾乎天下矣大王之道也如此國家順矣公曰敢問何謂敬身孔子對曰君子過言則民作辭過動則民作則君子言不過辭動不過則百姓不命而敬恭如是則能敬其身能敬其身則能成其親矣公曰敢問何謂成親孔子對曰君子也者人之成名也百姓歸之名謂之君子之子是使其親爲君子也是爲成其親名也已孔子遂言曰古人爲政愛人爲大不能愛人不有其身不能有其身不能安土

從大昏既至句至敬身二百卆五字應接大昏至矣下在為大上

不能安土不能樂天不能樂天不能成身公曰敢問何謂成身孔子對曰不過乎物公曰敢問君何貴乎大昏既至冕而親迎親之也親之也者親之也是故君子興敬為親舍敬遺親也弗愛不親弗敬不正愛與敬其政之本與公曰寡人願有言然冕而親迎不已重乎孔子愀然作色而對曰合二姓之好以繼先聖之後以為天地社稷宗廟之主君何謂已重乎公曰寡人固不固焉得聞此言也寡人欲問不得其辞請少進孔子曰天地不合萬物不生大昏萬世之嗣也君何以謂已重焉孔子遂有言曰內以治宗廟之

禮足以配天地之神明出以治直言之禮足以立上下之敬物耻足以振之國耻足以興之爲政先禮禮者政之本與孔子遂言曰昔三代明王之政必敬其妻子也有道妻也者親之主也敢不敬與子也者親之後也敢不敬與君子無不敬也敬身天道也孔子對曰貴其不已如日月西東相從而不已也是天道也不閉其久也是天道也無爲物成是天道也已成而明是天道也公曰寡人蠢愚冥煩子識之心也孔子蹴然避席而對曰仁人不過乎物孝子不過乎物是仁人之事親也如事天事天如事親是故孝子成

郊止天子句下脱社字

身公曰寡人既聞是言也無如後罪何孔子對曰君之及此言也是臣之福也

禮三本第四十二

禮有三本天地者性之本也先祖者類之本也君師者治之本也無天地焉生無先祖焉出無君師焉治三者偏亡無安之人故禮上事天下事地宗祀先祖而寵君師是禮之三本也王者天太祖諸侯不敢懷大夫士有常宗所以別貴始德之本也郊止天子止諸侯道及士大夫一本有荀子云所以別尊卑尊者事尊卑者事卑宜鉅者鉅宜小者小也故有天下者事七世

一本卑字下有也字無亦如之三字

鮑當作飽

一本作利爵之不啐也省字卒字俱訛

有國者事五世有五乘之地者事三世有三乘之地者事二世待年而食者不得立宗廟所以別積厚者流澤光積薄者流澤卑亦如之大饗尚玄尊俎生魚先大羹貴飲食之本也大饗尚玄尊而用酒食先黍稷而飯稻粱祭嚌大羹而鮑乎庶羞貴本而親用貴本之謂文親用之謂理兩者合而成文以歸太一夫是謂大隆故尊之尚玄酒也俎之生魚也豆之先大羹也利省之不卒也成事之俎不嘗也三侑之不食也一也大昏之未發齊也廟之未納尸也始卒之未小斂也大路車之素幭也郊之麻冕也喪服之先散

佚與迭同

案荀子貸作貳

帶一也三年之哭不文也清廟之歌一倡而三歎也縣一罄而尚拊搏朱弦而通越一也凡禮始於脫成於文終於隆故至備情文俱盡其次情文佚興其下復情以歸太一天地以合四時以洽日月以明星辰以行江河以流萬物以倡好惡以節喜怒以當以爲下則順以爲上則明萬變不乱貸之則喪

大戴禮記卷第一

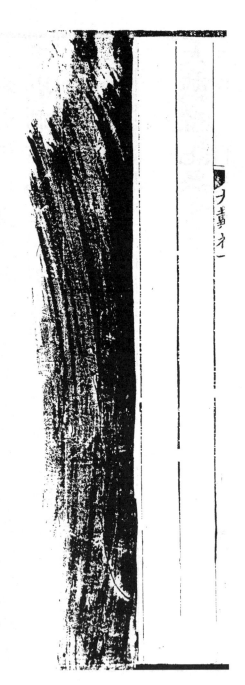

大戴禮記卷第二

禮察第四十六

夏小正第四十七

禮察第四十六

孔子曰君子之道譬猶防與夫禮之塞乱之所從生也猶防之塞水之所從來也故以舊防爲無用而壞之者必有水敗以舊禮爲無所用而去之者必有乱患故婚姻之禮廢則夫婦之道苦而淫辟之罪多矣鄉飲酒之禮廢則長幼之序失而爭鬭之獄繁矣聘射之禮廢則諸侯之行惡而盈溢之敗起矣喪祭之

一作倍

功同公

禮廢則臣子之恩薄而陪死忘生之禮衆矣凡人之知能見已然不能見將然禮者禁將然之前而法者禁於已然之後是故法之用易見而禮之所爲生難知也若夫慶賞以勸善刑罰以懲惡先王執此之正堅如金石行此之信順如四時處此之功無私如天地爾豈顧不用哉然如曰禮云禮云貴絶惡於未萌而起敬於微眇使民日徙善遠罪而不自知也孔子曰聽訟吾猶人也必也使無訟乎此之謂也爲人主計者莫如安審取舍取舍之極定於内安危之萌應於外也安者非一日而安也危者非一日而危也皆

歐當作敺

則字衍

以積然不可不察也善不積不足以成名惡不積不足以滅身而人之所行各在其取舍以禮義治之者積禮義以刑罰治之者積刑罰刑罰積而民怨倍禮義積而民和親故世主欲民之善同而所以使民之善者異或導之以德教或歐之以法令導之以德教者德教行而民康樂歐之以法令者法令極而民哀戚哀樂之感禍福之應也我以爲秦王之欲尊宗廟而安子孫與湯武同然則如湯武能廣大其德久長其後行五百歲而不失秦王亦欲至是而不能持天下十餘年即大敗之此無他故也湯武之定取舍審

以當作不

而秦王之定取舍不審也易曰君子慎始差若毫釐
繆之千里取舍之謂也然則爲人主師傅者不可以
日夜明此問爲天下如何曰天下器也今人之置器
置諸安處則安置諸危處則危而天下之情與器無
以異在天子所置爾湯王置天下於仁義禮樂而德
澤洽禽獸草木廣育被蠻貊四夷累子孫十餘世歷
年久五六百歲此天下之所共聞也秦王置天下於
法令刑罰德澤無一有而怨毒盈世民憎惡如仇讎
禍幾及身子孫誅絶此天下之所共見也夫用仁義
禮樂爲天下者行五六百歲猶存用法令爲天下者

用當作周

十餘年即亡是非明數大驗乎人言曰聽言之道必以其事觀之則言者莫妄言今子或言禮義之不如法令教化之不如刑罰人主胡不承殷用秦事以觀之乎

夏小正第四十七

正月啓蟄言始發蟄也鴈北鄉先言鴈而後言鄉者何也見鴈而後數其鄉也鄉者何也鄉其居也鴈以北方爲居何以謂之爲居生且長焉爾九月遰鴻鴈先言遰而後言鴻鴈何也見遰而後數之則鴻鴈也何不謂南鄉也曰非其居也故不謂南鄉記鴻鴈之

張尔岐云當作震也者鼓其翼也呴也者鳴也 案正月必雷雷下一本多雷則雉震呴五字

其用初用字當作曰

遰也如不記其鄉何也曰鴻不必當小正之遰遰者也雉震呴震也者鳴也呴也者鼓其翼也正月必雷雷不必聞惟雉爲必聞之何以謂之雷則雉震呴相識以雷魚陟負冰陟升也負冰云者言解蟄也農緯厥耒緯束也束其耒云爾者用是見君之亦有耒也初歲祭耒始用暢也暢一作暘其用初云爾暢也者終歲之用祭也言是月之始用之也初者始也或曰祭韭也囿有韭囿也園之燕者也時有俊風俊者大也大風南風也何大於南風也曰合冰必於南風解冰必於南風生必於南風收必於南風故大之也寒曰滌凍

塗滌也者變也變而暖也凍塗者凍下而澤上多也田鼠出田鼠者嗛鼠也記時也農率均田率者循也均田者始除田也言農夫急除田也獺祭魚其必與之（與疑作謂）獻何也曰非其類也祭也者得多也善其祭而後食之十月豺祭獸謂之祭獺祭魚謂之獻何也豺祭其類獺祭非其類故謂之獻大之也鷹則為鳩鷹也者其殺之時也鳩也者非其殺之時也善變而之仁也故具言之也曰則盡其辟也鳩為鷹變而之不仁也故不盡其辟也農及雪澤言雪澤之無高下也初服於公田古有公田焉者古言先服公田而後

梯當作稊

其母其當作於羔非一本作蓋非憂有煮祭一本

服其田也采芸爲廟采也鞠則見鞠者何也星名也鞠則見者歲再見爾初昏參中蓋記時也云斗柄縣在下言斗柄者所以著參之中也柳梯梯也者發孚也梅杏杝桃則華杝桃山桃也緹縞也者莎隨也緹也者其實也先言緹而後言縞者何也緹先見者也何以謂之小正以著名也雞桴粥粥也者相粥之時也或曰桴嫗伏也粥養也

二月往耰黍禪禪單也初俊羔助厥母粥俊也者大也粥也者養也言大羔能食草木而不食其母也羊羔非其子而後養之善養而記之也或曰憂有煮祭

作夏有暑祭祭也者作祭者少也字喜羔过為生作善羔之為生與羊牛作謂羔羊

一本作滎堇采蘩堇菜也蘩由胡由胡者蘩母也蘩母者旁勃也

萬物下脫至字

祭也者用羔是時也不足喜樂喜羔之爲生也而記之與羊牛腹時也綏多女士綏安也冠子取婦之時也丁亥萬用入學丁亥者吉日也萬也者干戚舞也入學也者大學也謂今時大舍采也祭鮪祭不必記記鮪何也鮪之至有時美物也鮪者魚之先至者也而其至有時謹記其時滎堇菜色菜蘩由胡蘩由胡者蘩母也蘩方勃也皆豆實也故記之昆小虫抵蚳昆者衆也由魂魂也由者動也小蟲動也其先言動而後言蟲者何也萬物是動而後著抵猶推也蚳螘卵也爲祭醢也取之則必推之推之必不取取必推而

稊當作稊

非忘一本作非亡

不言取來降燕乃睇燕乙也降者下也言來者何也莫能見其始出也故曰來降言乃睇何也睇者眄也眄者視可為室者也百鳥皆曰巢突穴取與之室何也摻泥而就家人人內也剥鱓以為鼓也有鳴倉庚倉庚者商庚也商庚者長股也榮芸時有見稊始收有見稊而後始收是小正序也小正之序時也皆若是也稊者所為豆實

三月參則伏伏者非忘之辭也星無時而不見我有不見之時故曰伏云攝桑桑攝而記之急桑也委（委一作萎）楊楊則花而後記之韡羊羊有相還之時其類韡

鴽當作鴽
鴽爲鼠變而之善當作變而之不善

䍧然記變爾或曰䍧羝也螜則鳴螜天螻也頒冰頒冰者分冰以授大夫也采識識草也妾子始蠶先妾而後子何也曰事有漸也言自卑事者始執養宮事執操也養長也祈麥實麥實者五穀之先見者故急祈而記之也越有小旱越于也記是時恒有小旱田鼠化爲鴽鴽鵪也變而之善故盡其辭也鴽爲鼠變而之善故不盡其辭也拂桐芭拂也者拂也桐芭之時也或曰言桐芭始生貌拂拂然也鳴鳩言始相命也先鳴而後鳩何也鳩者鳴而後知其鳩也

四月昴則見初昏南門正南門者星也歲再見壹正

札一作札

蒡幽一作蒡毋也下一本有陟升也三字

養白白當作日

蓋大正所取法也鳴札札者寧縣也鳴而後知之故先鳴而後札囿有見杏囿者山之燕者也鳴蜮蜮也者或曰屈造之屬也王萯莠取荼荼也者以爲君薦蔣也莠幽越有大旱記時爾執陟攻駒執也者始執駒也執駒也者離之去毋也執而升之君也攻駒也者教之服車數舍之也

五月參則見參也者牧星也故盡其辟也浮游有殷殷衆也浮游殷之時也浮游者渠略也朝生而暮死稱有何也有見也鴂則鳴鴂者百鷯也鳴者相命也其不辜之時也是善之故盡其辟也時有養白養長

一本作有養日云也

麋當作糜

也一則在本一則在末故其記曰時養曰之也乃瓜乃者急瓜之辭也瓜也者始食瓜也良蜩鳴良蜩也者五采具匽之興五日翕望乃伏其不言生而稱興何也不知其生之時故曰興以其興也故言之興五日翕也望也者月之望也而伏云者不知其死也故謂之伏五日也者十五日也翕也者合也伏也者入而不見也啓灌藍蓼啓者別也陶而疏之也灌者聚生者也記時也鳩爲鷹唐蜩鳴唐蜩鳴者匽也初昏大火中大火者心也心中種黍菽麋時也煑梅爲豆實也蓄蘭爲沐浴也菽麋以在經中又言之時何也

大二フ八五　文戠九二　二　沈元刊

矩關一本作短閔或云當作豆鬻

不在一作不正

苹莠一作萍秀　有馬帚

是食矩關而記之頒馬分夫婦之駒也將閒諸則或取離駒納之則法也矩関一作短閔　夫婦一作夫卿

六月初昏斗柄正在上五月大火中六月斗柄正在上用此見斗柄之不在當心也蓋當依依尾也煑桃桃也者杝桃也杝桃也者山桃也煑以爲豆實也鷹始摯始摯而言之何也諱煞之辭也故摯云

七月莠雈葦未莠則不爲雈葦莠然後爲雈葦故先言莠狸子肇肆肇始也肆遂也言其始遂也其或曰肆殺也湟潦生苹湟下處也有湟然後有潦有潦而後有萍草也爽死爽也者猶疏也苹莠苹也者有馬

也一本無有字

褚一作褚

蚊一本作閩

星一本作心

帚也漢案户漢也案户也者直户也言正南北也寒蟬鳴蟬也者蝭蟧也初昏織女正東鄉時有霖雨灌荼灌聚也荼雈葦之莠爲蔣褚之也雈未秀爲菼葦未秀爲蘆斗柄縣在下則旦

八月剥瓜畜瓜之時也玄校玄也者黑也校也者若緑色然婦人未嫁者衣之剥棗剥也者取也栗零零也者降也零而後取之故不言剥也丹鳥羞白鳥丹鳥者謂丹良也白鳥者謂蚊蚋也其謂之鳥也重其養者也有翼者爲鳥羞也者進也不盡實也辰則伏辰也謂星也伏也者入而不見也鹿人從者從群也

鴽當作鴐

主夫出火傅崧卿云夫當作火

熊羆貊貉鼬鼪則大若蟄而十一字一本作能羆貊貉鼶鼬則穴穴也者言蟄也

鹿之養也離群而善而之離而生非所知時也故記從不記離君子之居幽也不言或曰人人從也者大者於外小者於内率之也鴽爲鼠參中則旦

九月内火内火也者大火大火也者心也遰鴻鴈遰往也主夫出火主夫也者主以時縱火也陟玄鳥蟄陟升也玄鳥者鷰也先言陟而後言蟄何也（下重六字）而後言蟄何也陟而後蟄也熊羆貊貉鼬鼪則大若蟄而榮鞠鞠草也鞠榮而樹麥時之急也王始裘者何也衣裘之時也辰繫于日雀入于海爲蛤蓋有矣非常入也

按此月南門朔見于東南隅言昏見者疑文誤

一本作黑鳥浴黑鳥者何也鳥也浴也者飛乍高乍下也

一本作時有養夜養者長也若日之長也

眞當作旦

兵革一本作兵甲

民當作鳴

十月豺祭獸善其祭而後食之也初昏南門見南門者星名也及此再見矣黑鳥浴者何也鳥浴也者飛乍高乍下也時有養者長也若曰之長也玄雉入于淮爲蜄蜄者蒲蘆也織女正北鄉則眞織女星名也

十有一月王狩狩者言王之時田冬獵爲狩陳筋革陳筋革者省兵革也嗇人不從不從者弗行於時月也萬物不通隕麋角隕墜也曰冬至陽氣至始動諸向生皆蒙蒙符矣故麋角隕記時焉爾

十有二月鳴弋弋也者禽也先言民而後言弋者何也鳴而後知其弋也玄駒賁玄駒也者蟻也賁者何

旦當作且

也走於地中也納夘蒜夘蒜也者本如夘者也納者何也納之君也虞人入梁虞人官也梁者主設罜罟者也隕麋角蓋陽氣旦睹也故記之也

大戴禮記卷第二

參一本作叁
注參職一作叁
夙

大戴禮記卷第三

保傅第四十八

殷爲天子三十餘世而周受之（凡三十一世）周爲天子三十餘世而秦受之（凡三十七世）秦爲天子二世而亡人性非甚相遠也（孔子曰性相近）何殷周有道之長而秦無道之暴（暴卒疾也）其故可知也古之王者太子及生固舉之禮（古即殷周時也）使士負之（卜其吉也）有司參夙興端冕見之南郊見之天也（參職謂三月朝也端正也冕服之正）過闕則下（敬君典法之觀）過廟則趨（遥闕故不望廟則趨）孝子之道也故自爲赤子時教固以行矣昔者周成王幼在襁褓之中召公爲太保周公

吏當作使

爲太傅太公爲太師武王崩成王十有三也而云在襁褓之中言其小保保
其身體保謂安守之傅傅其德義傅猶敷也師導之教順師傅之教
大同也師主於訓導傅即受而述書敘曰周公爲師召公爲保相成王爲左右也此三公之
職也今尚書說三公司馬司徒司空也尚書及周禮說而文與此同故先儒論者多依此爲說也
於是爲置三少皆上大夫也卿也謂之孤也曰少保少傅少
師是與太子宴者也記者因成王幼稚周公居攝又以王少漸賢聖之訓長終封禪
之美故據其成事成事同於太子而始末敘之取明殷周之隆師友爲先也故孩提三少又親
近故孩提而敎之三公三少固明孝仁禮義以導習之也逐
去邪人不使見惡行於是比選天下端士孝悌閑博
有道術者以輔翼之吏之與太子居處出入故太子

目一作日

長有常道一本無常字

二始字應作如如而通

乃目見正事聞正言行正道左視右視前後皆正人夫習與正人居不能不正也猶生長於楚不能不楚言也故擇其所嗜必先受業乃得嘗之擇其所樂必先有習乃得爲之恐其懈惰故以所味好而誘之孔子曰少成若天性習貫之爲常言人性本雖無善少教成之若天性自然也周書曰習之爲常自氣血始此殷周之所以長有常道也其太子幼擇師友亦然及太子少長知妃色則入于小學小者所學之宮也古者太子八歲入小學十五入太學也學禮曰帝入東學上親而貴仁則親疏有序始恩相及矣帝入南學上齒而貴信則長幼有差始民不誣矣帝入西學上賢而貴德則聖智在位而

而始一本無始字

注瞽冠當作瞽宗

注學中當作斆中

徹虧膳一本作虧膳漢書作徹膳

功不匱矣帝入北學上貴而尊爵則貴賤有等而始下不踰矣成王年十五亦入諸學觀禮布政故引天子之禮以言之四學者東序瞽冠虞庠及四郊之學春氣溫養故上親夏物成小大殊故上齒秋物成實故貴德冬時物藏於地唯象於天半見也故尚爵也帝入太學承師問道退習而端於太傅太傅罰其不則而達其不及則德智長而理道得矣此五義者既成於上則百姓黎民化輯輯一作緝於下矣學成治就此殷周之所以長有道也成王學並於正三公也獨云太傅學中言及太子既冠成人免於保傅之嚴則有司過之史有徹虧膳之宰太子齒於學有櫌楚之威成王虽幼固與成人等且王既冠太子有過史必書之史之義不得不書過不書過則死過書而

瞽史据注舊作鼓夜注及謂當作史為

宰徹去膳夫膳宰之義不得不徹膳不徹膳則死於是有進善之旌（堯置之令進善者立於旌下也）有誹謗之木（堯設之使書政之愆失也）有敢諫之鼓（舜置之使諫擊之以自聞也）瞽史誦詩（賈誼云敢諫之鼓瞽史誦詩然瞽與鼓聲誤也夜及謂字誤）工誦正諫（工樂人也瞽官長誦謂隨其過誦詩以諷大夫諫足以義使於瞽史）士傳民語習與智長故切而不攘（量知受業故雖勞能授也）化與心成故中道若性（觀心施化故變善如性也）是殷周所以長有道也三代之禮天子春朝朝日秋暮夕月（祭日東壇祭月西壇故以別內外以端其位）所以明有別也（教天下之臣也）春秋入學坐國老執醬而親饋之（中春舍菜合舞仲秋班學合聲天子視學而遂養老）所以明有孝也（教天下之孝也）行中鑾和步中采茨（一作

注男當作謂嗜當作食

薺趨中肆夏（車亦應聲節步又中珮聲互言之也爾雅曰堂上謂之行門外謂之趨周禮及玉藻曰行以肆夏又云行以采茨趨以肆夏則於太寢之內奏采茨朝廷之中奏肆夏與周礼文誤也）所以明有度也（教天下儀也）於禽獸見其生不食其死聞其聲不嘗其肉故遠庖廚（玉藻曰凡血氣之類弗身踐）所以長恩且明有仁也（皆先正於己）食以禮（男俎豆綿列及嗜之等）徹以樂（於飲食之間又不忘礼樂）失度則史書之工誦之三公進而讀之宰夫減其膳是天子不得為非也（失孝敬礼樂之度也）明堂之位曰篤仁而好學多聞而道慎天子疑則問應而不窮者謂之道道者導天子以道者也常立於前是周公也誠立而敢斷輔善而相義者謂之充充者充天子

之志也常立於左是太公也言能忠誠有立而果於斷割絜廉而切直匡過而諫邪者謂之弼弼者拂天子之過者也常立於右是召公也博聞強記接給而善對者謂之承承者承天子之遺忘者也常立於後是史佚也接給謂應所問而給也史佚周太史尹佚也立道於前承於後置充於左列諫於右順备義也道者有疑則問故或謂之疑充者輔善故或謂之輔故成王中立而聽朝則四聖維之是以慮無失計而舉無過事殷周之前以長久者其輔翼天子有此具也及秦不然其俗固非貴辭讓也所尚者告得也賈誼云所上者告訐也然得字之誤也固非貴禮義也所尚者刑罰也故趙高傅胡亥趙高宦者秦車府令胡亥始皇少子二世

注中王當作生定當作楚典當作與

敗當作變

也而教之獄所習者非斬劓人則夷人三族也故今日即位明日射人忠諫者謂之誹謗深爲計者謂之訞誣昔伊尹諫夏桀桀笑曰子爲訞言矣莊辛諫襄王襄王曰先王爲定国訞典是也其視殺人若艾草菅然豈胡亥之性惡哉彼其所以習導非其治故也鄙語曰不習爲吏如視已事觀前成事也古談云前事之不忘後事之師也鄙猶今言俗語然也又曰前車覆後車誡夫殷周所以長久者其已事可知也然如不能從是不法聖知也秦世所以亟絶者其轍迹可見也然而不辟者是前車覆而後車必覆也夫存亡之敗治亂之機其要在是矣天下之命懸於天子天子之善在於早諭

參疑作參

注當作生而同聲及其長也

國君疑作君國

教與選左右心未疑而先教諭則化易成也心未疑謂未有所知時也夫開於道術知義理之指則教之功也若夫習積貫則左右已胡越之人生而同聲嗜慾不異及其長而成俗也參數譯而不能通行雖有死不能相爲者教習然也生而聲及其長者重譯而曉之不能使言語相通嗜慾不異至於成俗其所行雖有死之可畏猶不相放爲者皆未習使之然也故曰選左右早諭教最急夫教得而左右正左右正則天子正矣天子正而天下定矣孟子曰君正莫不正也君正則国定矣書曰一人有慶萬民賴之此時務也時猶是也天子不論先聖王之德不知國君畜民之道不見禮義之正不察應事之理不博古

之典傳不閑於威儀之數詩書禮樂無經學業不法凡是其屬太師之任也天子無恩於父母不惠於庶民無禮於大臣不中於制獄（無一作輕）無經於百官不哀於喪不敬於祭不信於諸侯不誠於戎事不誠於賞罰不厚於德不強於行賜與侈於近臣鄰愛於疏遠卑賤不能懲忿窒慾（言不勝其情易曰君子以懲忿窒慾）不從太師之言凡是之屬太傅之任也天子處位不端受業不敬言語不序聲音不中律（聲有準乃中律）進退節度無禮（節度或爲即廟）升降揖讓無容周旋俯仰視瞻無儀安顧咳唾趨行不得（趨或爲走）色不比順隱琴瑟（隱據也言按礼樂之器）凡此其

度字工脱以字

樂其湛其當作而

淋當作惏

喝一作渴

屬太保之任也天子宴贍其學（少師與天子宴者也）左右之習反其師（左右所習之不順於師也）荅遠方諸侯不知文雅之辭應群臣左右不知已諾之正簡聞小誦不傳不習凡此其屬少師之任也天子居處出入不以禮冠帶衣服不以制御器在側不度縱上下雜采不以章（惑於朱紫不以典章）忿怒說喜不以義賦與集讓不以節凡此其屬少傅之任也天子宴私安如易（自放縱也）樂其湛（湛樂）以飲酒而醉食肉而餕（過其性也）飽而強（強猶強也）飢而淋（淋貪殘也）暑而喝寒而嗽寢而莫宥坐而莫侍行而莫先莫後天子自爲開門戶取玩好自執器皿亟顧環面（環短也）御器

之不舉不蔵凡此其屬少保之任也號呼歌謡聲音

不中律宴樂雅誦迭樂序輕用雅誦也凡礼不同樂各有秩苟從所好乱其次

聲樂之失任在太史者樂應天也国語曰吾非瞽史焉知天道也不知日月之時節

不知先王之諱與大國之忌周礼小史職曰若有事則詔王之忌諱也不

知風雨雷電之眚凡此其屬大史之任也易曰正其

本萬物理失之毫釐差之千里故君子慎始也據易説言

也春秋之元詩之關雎禮之冠昬易之乾巛皆慎始

敬終云爾元者氣之始也夫婦化之始冠婚人之始也乾巛物之始也獲麟春秋終也頌者詩之終也吉礼礼之終也未濟易之終也此其重始令終終之義也以言人道當謹始而貴終也素誠

繁成謹爲子孫娶妻嫁女必擇孝悌世世有行義者

史當作師注同升古字作斗注同

如是則其子孫慈孝不敢淫暴黨無不善三族輔之三族父族母族妻族故曰鳳凰生而有仁義之意虎狼生而有貪戾之心兩者不等各以其母嗚呼戒之哉無養乳虎將傷天下謂居麑斯言故曰素成胎教之道書之玉板藏之金匱置之宗廟以爲後世戒斯王業隆替之所由也當重而祕之故置於宗廟藏以金匱也青史氏之記曰工曰青史子古者胎教王后腹之七月而就宴室宴室邪室次宴寢也亦曰側室自王后以下有子月震女史皆以金環止御王后以七月就宴夫人婦嬪即以三月就其側室皆閉房而處也王后以七月爲節者君聽天下之內政自諸侯以下妻同之也太史持銅而御戶左太宰持升而御戶右大史瞽者宗伯之屬下大夫太宰膳夫也冢宰之屬上士二人言太宰因諸侯之稱也樂

注貴中月管疑作中某月管

為陽故在左飲食為陰故在右升所以斟比及三月者王后所求聲音非禮樂則太師縕瑟而稱不習謂逆序若溢聲所求滋味者非正味則太宰倚升而言曰不敢以待王太子謂非秩若不時縕瑟倚升示不用太子生而泣太師吹銅曰聲中其律貴中月管太宰曰滋味上某上某時味然后卜名上無取於天謂昊昊之事下無取於墜謂神州及社稷中無取於名山通谷無拂於鄉俗言不苟易於鄉俗也是故君子名難知而易諱也此所以養恩之道謂避後之諱古者年八歲而出就外舍學小藝焉履小節焉束髮而就大學學大藝焉履大節焉小學謂庠門師庠門一作虎闈保之學也大學王宫之東者束髮謂成童白虎通曰八歲入小學十五入大學

注衡平也當作衡　注入字當作之

是也此太子之禮尚書大傳曰公卿之太子大夫元士嫡子年十三始入小學見小節而踐小義年二十入大學見大節而踐大義此王子入學之期也又曰十五年入小學十八入大學者謂諸子性既成者至十五入小學其早成者十八入大學內則曰十年出就外傅居宿於外學書計者謂公卿已下教子於家也居則習禮文行則鳴珮玉升車則聞和鸞之聲是以非僻之心無自入也在衡爲鸞在軾爲和馬動而鸞鳴鸞鳴而和應聲曰和和則敬此御之節也上車以和鸞爲節下車以珮玉爲度上有雙衡下有雙璜衡平也半璧曰璜衡牙衡在中牙在傍玭珠以納其間納於衡璜入間玭亦作蠙琚瑀以雜之總曰玭珠而赤者曰琚白者曰瑀或曰瑀美玉琚石次玉行以采茨趨以肆夏步環中規折還中矩進則揖揖一作厭之退則

揚之然后王鏘鳴也古之爲路車也蓋圓以象天二十八橑以象列星橑蓋弓也軫方以象地三十輻以象月故仰則觀天文俯則察地理前視則睹鸞和之聲側聽則觀四時之運謂視輪也車爲月此巾車教之道也巾車宗伯之屬下大夫二人自青史氏巳下太子之事也周后妃任成王於身立而不跛跛一作跂坐而不差獨處而不倨雖怒而不詈胎教之謂也大任孕文王目不視惡色耳不聽婬聲口不起惡言故君子謂大任爲能胎教也古者婦人孕子之禮寢不側坐不邊蹕不食邪味割不正不食席不正不坐目不視邪色耳不聽婬聲誦詩道正事如此則形容端心平正才過人矣任子之時必愼所感感於善則善感於惡則惡也成王生仁者養之謂乳母也孝者繈之謂保母也四賢傍之謂慈母及子師成王

注猴當作侯

注以疑作古
授當作受

注樂當作[illegible]

有知而選太公爲師周公爲傅此前有與計謂諸公也而後有與慮是以封泰山而禪梁甫朝諸侯而一天下猶此觀之王左右不可不練也白虎通曰王者易姓而起必升封太山報告之義天以高爲尊地以厚爲德故增太山之高以報天附梁甫之厚以報地明以成功事就有益於天地若高高者加高而廣者增厚矣尚書中猴曰昔者聖主功成道洽符出乃封泰山禮緯曰刑法格藏世作頌聲封於泰山考績柴燎禪於梁甫刻石紀號英炳巍巍功平世教白虎通又曰王始起日月尚促德化未宣獄訟未息近不治遠不安故太平廼狩也案以授命之君太平然后行廼狩封禪之事者諒有義也故管夷吾記凡封禪之君七十二家至於三代唯夏禹殷湯周王而已其封山之禮要於岱禪地之義別以云繹其故何也以岱宗東方之樂非所易者其於衆山可因義取尚敬白虎通以繹繹者爲無窮之意亭亭者爲德法審著凡封禪之禮固於恒霍及繼體之君獨言泰山及受命者幸其始也封謂負土石

注泰山之陰陰疑作陽

据注檀臺名也則正文本無臺字　注齊侯王也王當作壬

於泰山之陰爲壇而祭天也禪謂除地於梁甫之陰爲墠以祭地也變墠爲禪神之也昔者禹以夏王桀以夏亡湯以殷王紂以殷亡闔廬以吴戰勝無敵夫差以見禽於越夫差内不納子胥之忠諫外結怨於諸侯無德罷百姓故終縊於勾踐也文公以晉國霸而厲公以見殺於匠黎之宮厲公自鄢陵之會而驕暴無道及遊於匠黎氏之家爲欒書中行偃劫而幽之諸侯百姓不哀救三月而死也威王以齊強於天下而簡公以弑於檀一有檯字臺檀臺名也簡公悼公之子齊侯王也威王陳敬仲之後田常之六世孫田和之孫也田常弑簡公至和爲齊侯其孫號稱王大強於天下穆公以顯名尊號二世以刺於望夷之宮穆公秦伯任好也德公之少子宣公之季弟其孫孝公曰昔我穆公自岐之閒脩德行武東平晉乱以河爲界西霸戎狄地廣千里天子致伯諸侯畢賀顯名尊號謂此也望夷宮在長陵西北長平觀

齧當作齧

注甫侯當作肅侯

注自號爲王王當作主下脫父字

注傳當作

東臨涇水作之以望北夷二世常夢白虎齧其左驂殺之心不樂乃問占夢者卜言涇水爲祟二世就望夷之宮而祠馬趙高爲丞相二世以天下兵寇之事而責之趙懼誅遂使其壻閻樂將士卒殺之望夷宮之名其所以君王同功迹不等者所任異也君謂齊晉王謂夏殷故成王處繈抱之中朝諸侯周公用事也武靈王五十而弒沙丘任李兊也武靈王甫侯之子趙武王也舍其太子章而立王子何自號爲王後有太子難李兊圍之於沙丘終餓於沙宮也沙丘在今趙郡鍾臺之南也齊桓公得管仲九合諸侯國語曰兵車之屬六乘車之會三一匡天下匡正也謂陽穀之會施四教於諸侯再爲義王陽穀與召陵也失管仲任豎刀狄牙身死不葬而爲天下笑一人之身榮辱具施焉者在所任也葬之爲言藏也管仲死桓公任豎刀狄牙使專國政桓公卒二子各欲立其所傳之公子而諸

注也當作地

注趙又又當作有而獨立而字衍

莒太史下有闕文齊三

子並爭國乱無主桓公屍在床積六十七日十二月乙亥其子無詭立乃棺赴焉五日辛巳夜殯至九月而後葬矣

故魏有公子無忌而削地復得公子無忌信陵君也時魏地多爲秦所并削安釐王二十六年秦昭王卒三十年信陵君率五国之兵攻秦而敗之復得其地也

趙得藺相如而秦不敢出藺相如趙惠文王之相也嘗以和氏之璧使於秦完璧而歸及澠池之會又偪秦王爲趙王擊缶是以秦人憚焉故曰趙又藺相如強秦不敢闚兵阱陘

安陵任周瞻而國人而獨立諸記多爲唐雎又賈子胎教與此同安或爲隱或云秦破韓威魏而隱陵君獨以五十里國存者周瞻唐雎之力

楚有申包胥而昭王反復昭王爲闔廬敗於柏莒而越在草莽包胥弃粮跣走請救秦秦遂得甲車千乘步卒十萬敗吴師於濁上王反而國存

齊有田單襄王得其國襄王閔王之子章也初齊之敗楚使淖齒將兵救齊因相閔王淖齒遂殺閔王其子章変易姓名爲莒太史齒去莒中齊三臣相聚求閔王之子欲立之

臣三當作亡
國曰下脫王字
卒田單一本作田
單卒

知當作之

注省當作者

於是莒人共立法章爲襄王也以保莒城而布告齊國曰既立在於莒也襄王五年而卒田單以即墨之師攻破燕迎襄王於莒入臨菑齊故地盡復屬齊封田單爲安平君由是觀之無賢佐俊仕而能成功立名安危繼絶者未知有也是以國不務大而務得民心佐不務多而務得賢臣得民心者民從之有賢佐者士歸之文王請除炮烙之刑而殷民從昔紂爲長夜之飲百姓怨望諸侯有叛之省紂乃重刑辟有炮烙之法文王出牖里求以洛西之田請除炮烙之刑紂乃許之湯去張網者之三面而二垂至湯常出田見野張網四面祝曰自上下四方皆入吾網湯曰噫盡之矣乃去其三面面而祝曰欲左左欲右右不用命者乃入吾網諸侯聞之曰湯德至矣乃及禽獸於是朝商者三十國二垂謂天地之際言通感遐遠淮南子曰文王砥德修政二垂至越王不頹舊冢而吳人服蓋勾踐也以其

前爲慎於人也皆得民心也故同聲則異而相應意合則未見而相親賢者立於本朝而天下之豪相率而趨之也從其類也故詩有伐木之歌易有拔茅之喻也何以知其然也管仲者桓公之讎也乾時之役管仲射桓公中其鉤鮑叔以爲賢於己而進之桓公七十言說乃聽遂使桓公除仇讎之心而委之國政焉桓公垂拱無事而朝諸侯鮑叔之力也垂拱言無所指麾者也管仲之所以北走桓公而無自危之心者同聲於飽也齊在魯北衛靈公之時蘧伯玉賢而不用迷子瑕不肖而任事彌當聲誤爲迷也因言賢者猶得士也史鰌患之數言蘧伯玉賢而不聽病且死謂其子曰我即死言死於今

注陳之必立立當作亡

一曰即就治喪於北堂吾生不能進蘧伯玉而退迷子瑕是不能正君者死不當成禮而置屍於北堂於我足矣靈公往弔問其故其子以父言聞靈公造然失容造焉驚慘之皃曰吾失矣立召蘧伯玉而貴之進之爲卿召迷子瑕而退徙喪於堂成禮而後去衛國以治史鰌之力也成礼復正室夫生進賢而退不肖死且未止又以屍諫可謂忠不衰矣故論語曰直哉史魚紂殺王子比干而箕子被髮陽狂比干諫而死箕子曰知不用而言愚也殺其身以彰君之惡名不忠也二者不可然且爲之不祥莫大焉解衣被髮爲狂而去之靈公殺泄冶而鄧元去陳以族從凡諸侯之卿大夫有功德者則命之立族使其子世之以守宗廟鄧元知陳之必立故以族去昔宮

此注文有舛誤

之奇諫虞不從亦族行之自是之後殷并於周陳亡於楚以其殺比干與泄冶而失箕子與鄧元也紂以文王十二年殺比干十三年爲武王滅陳靈公魯宣九年殺泄冶十一年而楚子縣焉燕昭王得郭隗而鄒衍樂毅以齊至昭王易王之子燕王平也能師事郭隗而爲之立宮室於是修先君之怨爲齊以求士也韓詩外傳以有至者昭王欲修先君之怨爲齊以求士也韓詩外傳云以魏齊至之於是舉兵而攻齊棲閔王於莒閔王威王之孫宣王之子齊王也閔王三十年昭王與晉楚合謀而伐齊齊師大敗樂毅爲上將遂入臨淄閔王出奔於衛衛不安去之鄒魯又不納焉遂去於莒也燕支地計衆不與齊均也然如所以能申意至於此者由得士也支猶計也昭王曰孤極知燕小力不足以報之然得賢士與之共国以雪先耻孤之願也故無常安之國無宜治之民得賢者安存

此注有脫誤

失賢者危亡自古及今未有不然者也故韓詩外傳曰賢者之所在其君未嘗不尊其國未嘗不安也明鏡者所以察形也往古者所以知今也詩云殷鑒不遠在夏后之世夫知惡古之危亡不務襲迹於其所以安存則未有異於却走而求及於前人也太公知之故興微子之後而封比干之墓夫聖人之於當世存者乎其不失可知也興微子之後封比干之墓於本紀樂記云太公者公共之也而猶汝矣

凡二章新別凡三千五百五十四字

小六廿四

大戴禮記卷第三

大戴禮記卷四之六

卷四

卷五

大戴禮記卷第四

曾子立事第四十九

曾子曰君子攻其惡計其失求其過省其身彊其所不能去私欲從事於義可謂學矣君子愛日以學及時以行難者弗辟易者弗從唯義所在日旦就業夕而自省思以殁其身亦可謂守業矣君子學必由其業故業必請之問必以其序問而不決承間觀色而復之復白也雖不說亦不彊爭也雖不說未解不強爭君子既學之患其不愽也既愽之患其不習也既習之患其無知也既知之患其不能行也既能行之貴其能讓也貴不以已能而競於

人君子之學致此五者而已矣五者爲患其不博不習無知不能行能以讓君子博學而孱守之孱小貌不務大微言而篤行之行必先人言必後人君子欲訥於言而敏於行君子終身守此悒悒悒悒憂念也行無求數有名事無求數有成數猶促速身言之後人揚之身行之後人秉之非法不言言則爲人輔之非德不行行則爲人安之君子終身守此憚憚憚憚憂惶也君子不絕小不殄微也殄亦絕也行自微也不微人人知之則願也人不知苟吾自知也君子終身守此勿勿也勿勿猶勉勉君子禍之爲患辱之爲畏見善恐不得與焉見不善者恐其及已也論語曰見善如不及見惡如探湯是故君子疑以終身疑善之不與惡之及

注禁當作樂

已也君子見利思辱見惡思詬詬恥也嗜慾思恥忿怒思患故愚惑者朝忿忘身君子終身守此戰戰也君子慮勝氣血氣勝則周身故君子有三戒思而後動論而後行行必思言之貴其可談言言之必思復之論語信近於義言可復也思復之必思無悔言思唯可復亦可謂慎矣人信其言從之以行以言不虛人信其行從之以復易曰終日乾乾反復其道復宜其類詩云宜爾室家樂爾妻孥類宜其年詩云禁只君子萬壽無期亦可謂外內合矣君子疑則不言未問則不言兩問則不行其難者君子患難除之財色遠之流言滅之禍之所由生自孅孅也是故君子夙絕之君子已善亦樂人之善也已能亦樂人之

性當作往

能也已雖不能亦不以援人君子好人之爲善而弗趣也不促速之恐其倦也惡人之爲不善而弗疾也疾其過而不補也補謂改也飾其美而不伐也顏淵曰願無伐善伐則不益補則不改矣君子不先人以惡不疑人以不信謂不億不信不逆詐不說人之過成人之美存性者在來者在猶存也朝有過夕改則與之夕有過朝改則與之君子義則有常善則有隣德孤不見其一冀其二見其小冀其大苟有德焉亦不求盈於人也言器之也君子不絕人之歡不盡人之禮通飲食之饋序其歡也簡服物之禮令其忠也來者不豫往者不愼也愼故於物來者不猶豫往者無所愼去之不謗以義去之就之不

注凤施之一本作凤絶之

注不台疑當作不合

注行字當作折

賂（以道往也）亦可謂忠矣君子恭而不難安而不舒遜而不諂寬而不縱惠而不儉直而不徑（徑行夷狄之道）亦可謂知（知一作無私）矣君子入人之國不稱其諱不犯其禁（諱國諱禁國禁）不服華色之服（服法服）不稱懼惕之言故曰與其奢也寧儉與其倨也寧句（倨猶慢也句以喻敬）可言而不信寧無言也君子終日言不在尤之中小人一言終身爲罪君子亂言而弗殖（凤施之）神言弗致也（怪力亂神子所不語）道遠日益云衆信弗主靈言弗與（道遠日益積習之也不主謂僉議所同不爲主）人言不信〻和（忠道）君子不唱流言不折辭（言不苟行窮人辭也）不陳人以……能言必有主行必有法（言依〻）

行也親人必有方方猶常也多知而無親無所親行博學而無方好多而無定者君子弗與也君子多知而擇焉博學而算焉多言而慎焉多言者謂時事須殺也言雖多而皆慎焉博學而無行進給而不讓好直而徑儉而好侳者君子不與也侳塞也言好直即太徑爲儉又太通塞於下也夸而無恥彊而無憚好勇而忍人者君子不與也亟達而無守亟數也數自達而無所守好名而無體無體容忿怒而爲惡不以爲惡或曰無惡而怒足恭而口聖而無常位者君子弗與也巧言令色能小行而篤難於仁矣嗜酤酒好謳歌巷遊而鄉居者乎吾無望焉耳無可望也尚書大傳曰古者聖帝之治天下也五十已下非蒸社不敢遊飲唯六十以上遊飲也

出入不時言語不序安易而樂暴懼之而不恐説之而不聽雖有聖人亦無若何矣臨事而不敬（怡於從事）居喪而不哀祭祀而不畏（不畏其神）朝廷而不恭則吾無由知之矣三十四十之間而無藝即無藝矣五十而不以善聞矣（終可知）七十而無德雖有微過亦可以勉矣（言其過不大也）其少不諷誦其壯不論議其老不教誨亦可謂無業之人矣少稱不弟焉恥也壯稱無德焉辱也老稱無禮焉罪也過而不能改倦也（倦病人）行而不能遂恥也（謂不能終也）慕善人而不與焉辱也弗知而不問焉固也（固專固也）説而不能窮也喜怒異慮惑也不能行

而言之誣也非其事而居之矯也道言而飾其辭虛也謂道聽求言文飾其辭也無益而厚受祿竊也好道煩言亂也殺人而不戚焉賊也人言不善而不違色順之也近於說其言說古通以爲悅字說其言殆於以身近之也殆危之言危於以身近之殆於以身近之殆於身之矣危周於身人言善而色葸焉近於不說其言葸焉不悅繹之貌不悅其言殆於以身近之也近當字誤爲遠殆於以身近之殆於身之矣故目者心之浮也言者行之指也作於中而播於外也心見行於言目也故曰以其見者占其隱者謂心目也故曰聽其言也可以知其所好矣觀說之流可以知其術也流謂部分術心術也

注刑當作形

久而復之可以知其信矣觀其所愛親可以知其人矣臨懼之而觀其不恐也怒之而觀其不惛也喜之而觀其不誣也惛亂也誣妄也近諸色而觀其不踰也飲食之而觀其有常也利之而觀其能讓也居哀而觀貞也文王曰省其喪觀其貞良也居約而觀其不營也勤勞之而觀其不擾人也君子之於不善也身勿爲能也色勿爲不可能也無奈刑於色也色也勿爲可能也心思勿爲不可能也太上樂善太上德之最上者謂其心不爲也其次安之其次德之次者謂其色不爲也其下亦能自彊謂其身不爲太上謂五帝其次謂三王其下謂五霸孟子曰堯舜性之湯武身之五霸假之仁者樂道上者率其性也智者利道次者利而

注旣當作既

爲之愚者從弱者畏不愚不弱執誣以彊亦可謂棄民矣自執而輕於善太上不生惡無爲過之意也其次而能夙絕之也有意而麗絕之其下復而能改也旣爲而能改之復而不改殞身覆家大者傾覆社稷是故君子出言以鄂鄂鄂鄂辨厲也論語曰其言之不作其後爲之難行身以戰戰亦殆勉於罪矣是故君子爲小由爲大也常思正也居由仕也故曰父母爲嚴君子孫爲臣民也倫則未爲倫也恒謙虛也而勿慮存焉不忘危也事父可以事君事兄可以事師長使子猶使臣也使弟猶使承嗣也承嗣謂冢子也能取朋友者亦能取所予從政者矣賜與其宮室亦猶慶賞於國也忿怒其臣妾亦猶用刑罰於

又當作乂

淫當作識

萬民也是故爲善必自内始也内人怨之雖外人亦不能立也大學曰欲治其國先齊其家居家治則移官亦理也居上位而不滛臨事而栗者鮮不濟矣滛大先憂事者後樂事先樂事者後憂事昔者天子日旦思其四海之内戰戰唯恐不能又又治也諸侯日旦思其四封之内戰戰唯恐失損之大夫士日旦思其官戰戰唯恐不能勝庶人日旦思其事戰戰唯恐刑罰之至也是故臨事而栗者鮮不濟矣禍福唯人宜其慎也是以易有履虎之言詩有臨淵之誡君子之於子也愛而勿面也不形於面使而勿貌也不以貌勞倈之導之以道而勿強也宮中雍雍外爲肅肅兄弟憘憘朋友切切

注易也當作易之

（論語曰朋友切切偲偲兄弟怡怡也）遠者以貌近者以情友以立其所能而遠其所不能苟無失其所守亦可與終身矣

凡一千七百六十字

曾子本孝第五十

曾子曰忠者其孝之本與孝子不登高不履危（敬父母之遺體故跬步未敢忘其親）痺亦弗憑不苟笑不苟訾隱不命（人有隱僻不許之也）臨不指（凡居上不爲惑衆）故不在尤之中也孝子惡言死焉（死且不行）流言止焉美言興焉故惡言不出於口煩言不及於己故孝子之事親也居易以俟命（處安易也道以聽命也）不興險行以徼幸孝子游之暴人違之（就其常也春秋

注曰其下有脫文

左傳曰其出門而使不以或爲父母憂也不爲事或貽憂於父母也險塗隘巷不求先焉以愛其身以不敢忘其親也身者親之枝也可不敬乎孝子之使人也不敢肆行不敢自專也父死三年不敢改父之道故曰三年無改於父之道可謂孝矣又能事父之朋友又能率朋友以助敬也使敬其父母也君子之孝也以正致諫諫爭大夫士之孝也以德從命庶人之孝也以力惡食分地任力致甘美任善不敢臣三德謂三者之孝三德三老也白虎通曰不臣三老崇孝故孝之於親也生則有義以輔之喻於道死則哀以莅焉莅臨祭祀則莅之以敬如此而成於孝子也

曾子立孝第五十一

注通當作道

曾子曰君子立孝其忠之用禮之貴有忠與禮孝通立故爲人子而不能孝其父者不敢言人父不能畜其子者爲人弟而不能承其兄者不敢言人兄不能順其弟者爲人臣而不能事其君者不敢言人君不能使其臣者也不可以已能而責人之不能況以所不能故與父言言畜子與子言言孝父與兄言言順弟與弟言言承兄與君言言使臣與臣言言事君士相見禮曰與君言言使臣與大夫言言事君與老者言言使弟子與幼者言言孝父兄與衆言言慈祥與蒞官者言言忠信也君子之孝也忠愛以敬反是亂也盡力而有禮莊敬而安之微諫不倦聽從而不怠懽欣忠信咎故不生可謂孝矣盡力無

禮則小人也豈小人而已哉乃犬馬之養致敬而不忠則不入也是故禮以將其力敬以入其忠飲食移味隨所欲也居處溫愉著心於此濟其志也子曰可人也吾任其過吾知其能自取過不可人也吾辭其罪詩云有子七人莫慰母心子之辭也衛詩凱風之末章也七子自責任過之辭夙興夜寐無忝爾所生言不自舍也小雅小菀之四章也申可以人之義也不耻其親君子之孝也是故未有君而忠臣可知者孝子之謂也未有長而順下可知者弟弟之謂也孝經曰以孝事君則忠以敬事長則順未有治而能仕可知者先脩之謂也故曰孝子善事君弟弟善事長君子一孝一悌可謂知終矣

以道宋本作於道　注末當作未

凡三章新別凡三百二十四

曾子大孝第五十二

曾子曰孝有三大孝尊親其次不辱其下能養公明儀問於曾子曰夫子可謂孝乎公明儀曾子弟子曾子曰是何言與是何言與君子之所謂孝者先意承志諭父母以道凡言於事親末意則先善舉之親若有志則承而奉之參直養者也安能爲孝乎身者親之遺體也行親之遺體敢不敬乎故居處不莊非孝也事君不忠非孝也莅官不敬非孝也朋友不信非孝也戰陣無勇非孝也五者不遂災及乎身身一作親敢不敬乎故亨熟鮮一作羶香嘗而進

友一作反

之非孝也養也君子之所謂孝者國人皆稱願焉曰幸哉有子如此所謂孝也民之本教曰孝孝經曰夫孝德之本也教之所由生也其行之曰養謂致衣食省安否養可能也敬爲難敬可能也安爲難以忠禮將也安可能也久爲難久可能也卒爲難父母既殁慎一作順行其身不遺父母惡名可謂能終也謂能卒也夫仁者仁此者也義者宜此者也忠者中此者也信者信此者也禮者體此者也行者行此者也彊者彊此者也樂自順此生刑自反此作夫孝者天下之大經也夫孝置之而塞於天地衡之而衡於四海置猶立也衡猶横也施諸後世而無朝夕言常行也推

注大章當作六章

而放諸東海而準推而放諸西海而準推而放諸南海而準推而放諸北海而準九夷八蠻七戎六狄謂之四海放猶至準猶平也詩云自西自東自南自北無思不服此之謂也大雅文王有聲之大章也孝有三大孝不匱詩云孝子不匱永錫爾類也中孝用勞勞猶功也小孝用力博施備物可謂不匱矣尊仁安義可謂用勞矣慈愛忘勞可謂用力矣父母愛之喜而不忘父母惡之懼而無怨父母有過諫而不逆當柔聲下氣也父母既歿以哀祀之加之如此謂禮終矣哀謂服之三年祀謂春秋享之樂正子春下堂而傷其足傷瘳數月不出猶有憂色門弟子問曰夫子傷足瘳矣數月不出猶有

憂色何也樂正子春曰善如爾之問也吾聞之曾子曾子聞諸夫子曰天之所生地之養人爲大矣父母全而生之子全而歸之可謂孝矣孝經曰天地之性人爲貴人之行莫大於孝也不虧其體可謂全矣故君子頃步之不敢忘也跬當聲誤爲頃今予忘夫孝之道矣予是以有憂色故君子一舉足不敢忘父母一出言不敢忘父母一舉足不敢忘父母故道而不徑不曲徑也舟而不游不敢以先父母之遺體行殆也殆危也一出言不敢忘父母是故惡言不出於口忿言不及於己然后不辱其身不憂其親則可謂孝矣草木以時伐焉禽獸以時殺焉夫子

注若立當作咎互

曰伐一木殺一獸不以其時非孝也夫子孔子

凡三章新別凡六百五十五字

曾子事父母第五十三

單居離問於曾子曰事父母有道乎單居離曾子弟子也曾子曰有愛而敬父母之行若中道則從若不中道則諫諫而不用行之如由己且俯從所行而思諫道也從而不諫非孝也同父母之非不匡諫諫而不從亦非孝也徒以義諫而行不從孝子之諫達善而不敢爭辨爭辨者作亂之所由興也内則曰父母有過正氣怡色柔聲以諫諫若不入起敬起孝說則復諫由己爲無咎則寧謂順諫由己爲賢人則亂謂爭辨賢與無若立相足孝子無私樂父母

為當作唯
信當作訊注
祀字下脫時
訊二字

所憂憂之父母所樂樂之孝子爲巧變故父母安之
若夫坐如尸立如齊弗信不言齊謂祭祀問也言必齊色
嚴敬其色此成人之善者也未得爲人子之道也爲人父之事
單居離閭曰事兄有道乎曾子曰有尊事之以爲己
望也謂儀象也兄事之不遺其言奉其所令兄之行若中道則
兄事之兄之行若不中道則養之養猶隱之養之内不養
於外則是越之也養之外不養於内則是疏之也是
故君子内外養之也單居離閭曰使弟有道乎曾子
曰有嘉事不失時也謂冠娶也弟之行若中道則正以使
之正以使之以弟道弟之行若不中道則兄事之且以兄禮敬之詘

飲食下以字當作正文少字衍

注以木曰下脫去豆以瓦曰四字

事兄之道若不可然后舍之矣屈事兄之然猶不變則怒罰之曾子曰夫禮大之由也不與小之自也言大者得自由也飲食以少齒以長幼也力事不讓辱事不齒執觴觚杯豆而不醉和歌而不哀觚器也實之曰觴杯盌盎盆盞之總名也豆醬器以木曰登夫弟者不衡坐不苟越不干逆色趨翔周旋俛仰從命不見於顏色未成於弟也

大戴禮記卷第四

注衡當作衡
注枚當作攸
羸疑作羸

大戴禮記卷第五

曾子制言上第五十四

曾子曰夫行也者行禮之謂也夫禮貴者敬焉老者孝焉幼者慈焉少者友焉賤者惠焉此禮也行之則行也立之則義也今之所謂行者犯其上危其下衡道而彊立之衡横也天下無道故若且自如也天下有道則有司之所求也言爲法吏所枚誅也故君子不貴興道之士而貴有耻之士也若由富貴興道者與貧賤吾恐其或失也或猶惑也若由貧賤興道者與富貴吾恐其羸驕也夫有耻之士富而不以道則耻之貧而不以道則耻

第當作弟

之第子無曰不我知也鄙夫鄙婦相會于廧陰可謂密矣明日則或揚其言矣（中庸曰莫見於隱莫顯於微故君子慎其獨也）故士執仁與義而明行之未篤故也胡爲其莫之聞也殺六畜不當及親吾信之矣（凡殺有時禮也）使民不時失國吾信之矣蓬生麻中不扶自直白沙在泥與之皆黑（古説云言扶化之者衆）是故人之相與也譬如舟車然相濟達也已先則援之彼先則推之是故人非人不濟馬非馬不走土非土不高水非水不流君子之爲弟也行則爲人負（分重合輕班白不任弟達於道路也）無席則寢其趾（寢猶止也言裁自容也）使之爲夫人則否（夫人行無禮也）近市無賈（無鄙邸也）在田無

野田無廬也行無攄旅守直道無所私苟若此則夫杖可因篤焉
言行如此則其所杖者皆可因厚焉富以苟不如貧以譽貧則常也義不可無生
以辱不如死以榮見危致命死之榮也辱可避避之而已矣及其
不可避也君子視死若歸不苟免也父母之讎不與同生
生辱之不可避也曲禮曰父之讎弗與同戴天兄弟之讎不與聚國檀弓曰昆弟之
讎仕不與共國其從父兄弟則不爲魁也朋友之讎不與聚鄉曲禮曰朋友之讎不
不同國失厚矣族人之讎不與聚鄰族人者謂絕屬者良賈深藏如
虛君子有盛教如無言珍寶深藏若虛君子懷德若愚也弟子問於曾
子曰夫士何如則可以爲達矣曾子曰不能則學疑
則問欲行則比賢雖有險道循行達矣今之弟子病

捋當作將

下人不知事賢耻不知而又不問(好責於人而不知自反也)欲作則其知不足是以惑闇惑闇終其世而已矣是謂窮民也曾子門弟子或捋之晉曰吾無知焉曾子曰何必然往矣有知焉謂之友(曰友云也)無知焉謂之主(且容之而已)且夫君子執仁立志先行後言千里之外皆爲兄弟(故曰君子何患乎無兄弟)苟是之不爲則雖汝親庸孰能親汝乎(庸用也孰誰也)

凡三章(新別)凡五百七十字

曾子制言中第五十五

曾子曰君子進則能達退則能靜豈貴其能達哉貴

壞當作懷
一本謂其守也作注疑注謂其功也亦當作正文　仁其仁當作仁其人

其有功也豈貴其能靜哉貴其能守也夫唯進之何功退之何守問君子進退其功守何如是故君子進退有二觀焉信有二等可觀故君子進則能益上之譽而損下之憂謂其功也不得志不安貴位不壞厚祿負耜而行道凍餓而守仁謂其守也則君子之義也其功守之義有知之則願也莫之知苟吾自知也吾不仁其仁雖獨也吾弗親也人而不仁不足友也故周公曰不如我者吾不與處損我者也與我等吾不與處無益我者也吾所與處者必賢於我故君子不假貴而取寵不因人之貴苟求寵愛也不比譽而取食不校名譽以求祿也直行而取禮行正則見禮也比說而取一作文友言脩以可事人有說我則願也莫我說苟吾自說

注壞當作懷

手足即四支說者申慇懃耳十一字應作注

也說讀爲悅字故君子無悒悒於貧無勿勿於賤無憚憚於不聞憚憚憂惶也布衣不完蔬食不飽蓬户穴牖日孜孜一作孳上仁知我吾無訢訢不知我吾無悒悒是以君子直言直行不宛言而取富不屈行而取位畏之見逐智之見殺固不難詘身而爲不仁宛言而爲不智則君子弗爲也小人在朝多逐害於仁智者君子之人不枉言行而壞其禄也君子雖言不受必忠曰道雖行不受必忠曰仁謂發施言爲於君之前實善而君不納然猶忠誠勉行可謂仁道也雖諫不受必忠曰智猶忠誠而詳之天下無道循道而行衡塗而僨衡橫也僨僵也手足不揜四支不被手足節四支說者申慇懃耳詩云行有死

舜唯以下一本有仁字

人尚或墐之則此非士之罪也有士者之羞也是故一作君子天下之爲仁則以仁爲尊也天下之爲富則以仁爲富也天下之爲貴則以仁爲貴也君子以仁爲尊天下之爲富何爲富則仁爲富也天下之爲貴何爲貴則仁爲貴也昔者舜足夫也土地之厚則得而有之人徒之衆則得而使之舜唯以得之也是故君子將說富貴必勉於仁也昔者伯夷叔齊死於溝澮之間其仁成名於天下夫二子者居河濟之間非有土地之厚貨粟之富也伯夷叔齊孤竹君之子初無父母也後交讓國遂退北海之濱而終死於首陽言爲文章行爲表綴於天下是故君子思仁義晝則忘食夜則忘寐日旦就業夕而

入入當作入人

自省以役其身亦可謂守業矣

凡四百八十字

曾子制言下第五十六

曾子曰天下有道則君子訢然以交同天下無道則衡言不革衡平也言不苟合也諸侯不聽則不干其土聽而不賢則不踐其朝是以君子不犯禁而入入境及郊問禁請命不通患而出危邑師敗不苟免也則秉德之士不讇矣故君子不讇富貴以爲己說不乘貧賤以居己尊凡行不義則吾不事不仁則吾不長奉相仁義則吾與之聚群嚮爾相助也寇盗則吾與慮國有道則突若

注鴂當作鴃

一本義宜二字在曰字上

入焉詩云鴥彼晨風鬱彼北林也國無道則突若出焉如大鳥奮翼而去也

如此之謂義夫有世義者哉曰義宜仁者殆恭者不入

殆危也仁者危之恭者又受也慎者不見使正直者則邇於刑弗

違則殆於罪邇近違去是故君子錯在高山之上深澤之

汙聚橡栗藜藿而食之藜藿豆生耕稼以老十室之邑

是故昔者禹見耕者五耦而式過十室之邑則下爲

秉德之士存焉不慢之也

曾子疾病第五十七

曾子疾病疾困曰病曾元抑首曾華抱足元華其子曾子曰微

乎吾無夫顏氏之言吾何以語汝哉然而君子之務

下華繁而三字衍文寡寡當作實寡

達當作遠

盡有之矣夫華繁而華繁而寡寡寡者天也言多而行寡者人也鷹鶽以山爲卑而曾巢其上魚鱉黿鼉以淵爲淺而蹷穴其中卒其所以得之者餌也生生之厚動之死地也是故君子苟無以利害義則辱何由至哉親戚不悅不敢外交近者不親不敢求達小者不審不敢言大故人之生也百歲之中有疾病焉有老幼焉故君子思其不復者而先施焉親戚既殁雖欲孝誰爲孝年既耆艾雖欲弟誰爲弟故孝有不及弟有不時其此之謂與言不遠身言之主也行不遠身行之本也言有主行有本謂之有聞矣知身是言行之基可謂聞矣君子

寶當作室

尊其所聞則高明矣行其所聞則廣大矣高明廣大不在於他在加之志而已矣與君子游苾乎如入蘭芷之寶久而不聞則與之化矣與小人遊貸乎如入鮑魚之次久而不聞則與之化矣（離騷曰經鮑魚肆而失香也）是故君子慎其所去就與君子遊如長日加益而不自知也（如日之長雖日益益而不自知也）與小人遊如履薄冰每履而下幾何而不陷乎哉吾不見好學盛而不衰者矣吾不見好教如食疾子矣（言未見好教敬人之愛如餔疾子也）吾不見日省而月考之其友者矣吾不見孜孜而與來而改者矣（謂擇善而改非也）

曾子天圓第五十八

單居離問於曾子曰天圓而地方者誠有之乎曾子曰離而聞之云乎（而猶汝也汝聞則言之也）單居離曰弟子不察此以敢問也曾子曰天之所生上首地之所生下首（人首圓足方因繫之天地）上首之謂圓下首之謂方（因謂天地爲方圓也周髀曰方屬地圓屬天天圓地方也淮南子曰天之圓不中規地之方不中矩白虎通曰天鎮也其道曰圓地諦也其道曰方一曰圓謂水也）如誠天圓而地方則是四角之不揜也且來吾語汝參嘗聞之夫子曰天道曰圓地道曰方（道曰方圓耳非形也）方曰幽而圓曰明（方者陰義而圓者陽理故以明天地也）明者吐氣者也是故外景（景古通以爲影字外景者陽道施也）幽者含

合氣當作含氣
神者一作神靈者
注蒐者當作蒐魄者
注及當作反湯當作陽

氣者也是故内景（内景者陰道含藏也）故火曰外景而金水内景（金質陰也）吐氣者施而含氣者化（施施也化體生）是以陽施而陰化也陽之精氣曰神陰之精氣曰靈神者品物之本也（神爲蒐靈爲魄蒐者陰陽之精有生之本也及其死也蒐氣上升於天爲神體魄下降於地爲鬼各及其所自出也）而禮樂仁義之祖也（樂由湯來禮由陰作仁近樂義近禮故陰陽爲祖也）而善否治亂所興作也陰陽之氣各靜其所則靜矣偏則風（謂氣勝負）俱則靁交則電（自仲春至仲秋陰陽交泰故雷電也）亂則霧和則雨（偏則風而和則雨此謂一時之氣也至若春多雨則時所宜也）陽氣勝則散爲雨露陰氣勝則凝爲霜雪陽之專氣爲雹陰之專氣爲霰霰雹者一氣之化也（陽氣在雨温暖如陽陰氣薄之）

小二万三十五

下脫正文二百六

不相入轉而爲雹陰氣在雨凝滯爲雪陽氣薄之不相入散而爲霰霰故春秋穀梁說曰雹者陰脅陽之象霰者陽脅陰之符也毛蟲毛而後生羽蟲羽而後生毛羽之蟲陽氣之所生也介蟲介而後生鱗蟲鱗而後生介鱗之蟲陰氣之所生也言陰陽所生者舉其多也唯人爲倮匈而後生也倮匈謂無毛羽與鱗介也陰陽之精也人受陰陽純粹之精有生之貴也凡倮蟲則亦並陰陽氣而生也毛蟲之精者曰麟羽蟲之精曰鳳介蟲之

大戴禮記卷第五

大戴禮記卷第六

武王踐阼第五十九

武王踐阼三日既王之後召士大夫而問焉曰惡有藏之約行之行萬世可以爲子孫常者乎惡猶於何也言於何有約言而行之乃行萬世而猶得其福諸大夫對曰未得聞也然後召師尚父而問焉曰黃帝顓頊之道存乎意亦忽不可得見與言忽然謂不得可見師尚父曰在丹書王欲聞之則齊矣三日王端冕師尚父亦端冕奉書而入負屏而立端正也樹謂之屏王下堂南面而立師尚父曰先王之道不北面王行西折而南東面而立師尚父西面道書之言曰

此注疑有脱誤

暢當作惕

敬勝怠者吉怠勝敬者滅義勝欲者從欲勝義者凶凡事不強則枉凡事不能自強去執於此則枉也弗敬則不正枉者滅廢敬者萬世藏之約行之行可以爲子孫常者此言之謂也問先帝之道庶聞要約之旨故對此而已且臣聞之以仁得之以仁守之其量百世以不仁得之以仁守之其量十世以仁得之以仁守之以不仁得之以仁守之皆謂創業之君子百姓謂子孫無咎譽者於十百之外天命即善與民其廢立大節依於此以不仁得之以不仁守之必及其世謂止於其身也王聞書之言暢若恐懼退而爲戒書記於物以自警戒也於席之四端爲銘焉於机爲銘焉於鑑爲銘焉於盥盤爲銘焉於楹爲銘焉於杖爲銘焉於帶爲銘

注可能當作口能
戎當作戒

焉於履屨爲銘焉於觴豆爲銘焉於戶爲銘焉於牖爲銘焉於劒爲銘焉於弓爲銘焉於矛爲銘焉席前左端之銘曰安樂必敬安不忘危前右端之銘曰無行可悔當恭敬朝夕故以懷安爲悔也後左端之銘曰一反一側亦不可以忘言雖反側之間不可以忘道也後右端之銘曰所監不遠視邇所代周監不遠近在有殷之世机之銘曰皇皇惟敬口生咍咍恥也言爲君子榮辱之主可不慎乎咍咍詈言也口戕口言可能害口也机者人君出令所依故以言語爲戎也鑑之銘曰見爾前慮爾後盥盤之銘曰與其溺於人也寧溺於淵溺於淵猶可游也溺於人不可救也日知所忘學者之功溺於民庶大人之禍故或以自新取戒或以游溺爲鑑也楹之銘曰毋曰胡

其禍將然毋曰胡害其禍將大毋曰胡傷其禍將長夫爲室者慎其楹君天下者難其相也杖之銘曰惡乎危於忿疐惡於何也忿者危之道怒甲及乙又危之甚杖危故以危戒也惡乎失道於嗜慾杖依道而行之惡乎相忘於富貴言身杖相貧也因失道相忘乃嗜慾安樂之戒也帶之銘曰火滅脩容慎戒必恭恭則壽雖夜解怠其容不可以苟帶於寢先釋故因言之也屨屨之銘曰慎之勞勞則富行慎躬勞躬勞終福論慎屨亦財不費也屨在下尤勞辱因爲此戒榮與富音義兩施互取焉觴豆之銘曰食自杖食自杖戒之憍憍則逃無求醉飽自杖而已戶之銘曰夫名難得而易失無懃弗志而曰我知之乎無懃弗及而曰我杖之乎志識也杖立不能懲其鶩怠而自謂杖成功無可就故終失其名也擾阻以泥

神當作伸

注怒當作恕

之若風將至必先搖搖（搖搖無所託言有風而則先困）雖有聖人不能爲謀也（論人行論亦然）牖之銘曰隨天時（任也）以地之財（貨也）敬祀皇天敬以先時（先祭時而敬齋）劍之銘曰帶之以爲服動必行德行德則興倍德則崩（以順誅也）弓之銘曰屈神之義廢興之行無忘自過（言得時也）矛之銘曰造矛造矛少間弗忍終身之羞（重言造矛見造矛之不易也言少間之不忍則爲終身羞以君子於殺之中礼怒存焉）予一人所聞以戒後世子孫（貽厥孫謀以燕翼子武王之詩也）

凡三百六十五字

衛將軍文子第六十

世字疑屬上文斷句
注子子當作二子
注夫及當作未及正當作止

衛將軍文子（文子衛卿也名彌牟）問於子贛曰（子貢端木賜也衛人衛之相也）吾聞夫子之施教也先以詩（論語曰先進於礼樂野人也後進於礼樂君子也）世道者孝悌說之以義而觀諸體成之以文德蓋受教者七十有餘人（言能受教者謂七十子子也）聞之孰為賢也子貢對辭以不知文子曰吾子學焉何謂不知也子貢對曰賢人無妄知賢則難故君子曰智莫難於知人此以難也（書曰知人則哲惟帝其難之）文子曰若夫知賢人莫不難吾子親游焉是敢問也子貢對曰夫子之門人蓋三就焉（謂大成次成小成也）賜有逮及焉有未及焉不得辯知也（夫及者爲先就夫子而或正或退未得及已見也或以子貢違夫子之後有新來者也）文

注用當作冉

注妄當作妄

子曰吾子之所及請問其行也子貢對曰夙興夜寐諷誦崇禮行不貳過稱言不苟是顏淵之行也顏回魯人字子淵也孔子説之以詩詩云媚茲一人應侯順德永言孝思孝思惟則大雅下武之四章也媚茲一人謂御于天子而蒙寵愛應侯順德逢國君能成其德孝思惟則此文在前章兼以説之故連言也故國一逢有德之君世受顯命不失厥名以御于天子以申之於諸侯受爵命未盡其能在貧如客言安貧也使其臣如藉藉借也如借力然也不遷怒不探怨不録舊罪是冉雍之行也用雍魯人也字仲弓孔子曰有土君子有衆使也有刑用也然後怒匹夫之怒惟以亡其身使舉也夫子因其性不好怒故説妄怒之敗也書曰惟辟作威也詩云靡不有

注路下脫一字

注項當作頌

初鮮克有終以告之大雅蕩首章也言冉雍能終其行也不畏強禦不侮矜寡其言曰性其言惟陳其性不苟虛妄都其富哉仲由亦於政事故能備治其都也任其戎是仲由之行也仲由衛人也字子路字季路大夫也夫子未知以文也節其勇也詩云受小共大共爲下共一作拱國恂蒙何天之寵傳奏其勇夫強乎武哉殷頌長發之五章也項湯伐桀除災之事恂信也言下國信蒙其富詩爲駿寵或古有二文或以義賦寵傳又爲龍數文不勝其質恭老恤孤不忘賓旅好學省物而不懃是冉求之行物猶事也事省則不懃也冉求字子有冉雍之子爲季氏之宰孔子因而語之曰好學則智恤孤則惠恭老則近禮克篤恭以天下其稱之也宜爲國老宜爲國之尊也言任爲卿相也志通而好

通一本作過

禮擯相兩君之事篤雅其有禮節也是公西赤之行
也公西赤魯人也字子華孔子曰禮儀三百可勉能也礼經三百可勉
學而能知威儀三千則難也能躬行三千之威儀則難而公西赤能躬行也公西
赤問曰何謂也孔子曰貌以擯禮禮以擯辭是之謂
也礼待貌而行辭得礼而發言貌所以擯贊三千之儀也主人主言行比在於人聞之
以成公西赤聞之以成家語云衆人聞之爲成主或聲誤也孔子之語人也曰
當賓客之事則通矣謂門人曰二三子欲學賓客之
禮者於赤也蒲而不蒲實如虛通之如不及先生難
之云先生者猶難之亦所謂先子之所畏也不學其貌竟其德敦其言於
人也無所不信其橋大人也橋高也高大之人也常以皓皓是

注且當作是

注季當作學

以眉壽皓皓虛曠無長生久視之意且長生久視之術是曾參之行也曾參魯之南武城人也字子輿齊聘以相楚迎以令尹晉迎以上卿不應其命也孔子曰孝德之始也天道曰至德地道曰敏德人道曰孝德四代曰有天德有地德夫季天地之德者皆以無私爲能也動而樂施者天德也安而待化者地德也故天之德有廣狹矣自修礼義忠信已下皆爲人德因事則爲礼厚其行則爲孝也弟德之序也信德之厚也忠德之正也參也中夫四德者矣哉以此稱之也業功不伐貴位不善不侮可侮不佚可佚不侮可侮者不佚可佚者仁之至也不敖無告天民之窮無所告者不陵敖之也是顓孫之行也顓孫師陳人也子張字也孔子言之曰其不伐則猶可能也其不弊百姓者則仁也詩云愷悌君子民之父母大雅泂酌之首章也夫子以其仁

注引當作宏

注廣作廙

注東魯東字衍

爲大也學以深能深致隱賾也厲以斷性嚴厲而能斷決亡七十篇說子夏云爲人性不引好精微時人無以尚也送迎必敬上友下交銀手如斷是卜商之行也卜商衛人字子夏爲魏文侯師銀廣鍔也如斷言便能子張曰子夏之門人洒掃應對進退出入則可也孔子曰詩云式夷式已無小人殆小雅節之四章殆近也而商也其可謂不險也言其鄰於德也貴之不喜賤之不怒苟於民利矣惟在利民春秋左傳曰上思利民忠也廉於其事上也以佐其下佐助也是澹臺滅明之行也澹臺滅明東魯之東武城人也字子羽魯大夫孔子曰獨貴獨富君子耻之夫也中之矣先成其慮及事而用之是故不忘是言偃之行也言偃魯人也字子游爲武城宰也孔子曰欲能則學欲知則問欲善則

天揖下脫同姓
時揖四字士揖
士當作土
注脫至字

注祈寀疑有
誤

注此當作北
綱當作絧

訊欲給則豫當是如偃也得之矣獨居思仁公言言義其聞之詩也一日三復白圭之玷是南宮縚之行也南宮縚魯人也字子容夫子信其仁以爲異姓爲以兄之子妻之也周礼司儀職曰天揖異姓士揖庶姓家語曰以爲異事言殊異之士似妄也目見孔子入户未嘗越屨凡在於室卑者之屨皆陳於户外故雖後而不越焉往來過人不履影不越人之屨不履人之影謙慎之至也開蟄不殺方長不折執親之喪未嘗見齒是高柴之行也高柴齊人也字子羔爲祈寀孔子曰高柴執親之喪則難能也開蟄不殺則天道也方長不折則恕也恕則仁也湯恭以恕是以日躋也此車於葛棻也教綱者呪怨也詩殷頌曰聖敬日躋此賜之所親睹也吾子有命

婦當作歸

而訊賜則不足以知賢文子曰吾聞之也國有道則賢人興焉中人用焉百姓婦焉若吾子之語審茂則一諸侯之相也亦未逢明君也（茂盛也一皆也）子貢既與衛將軍文子言適魯見孔子曰衛將軍問二三子之行於賜也不一而三賜也辭不獲命以所見者對矣（見其行也）未知中否請嘗以告（請嘗以對者告也）孔子曰言之子貢以其質告孔子既聞之笑曰賜汝偉爲知人賜（質由實也）（偉爲知人言大爲知人也再言賜者善之）子貢對曰賜也焉能知人此賜之所親親也孔子曰是女所親也吾語女耳之所未聞目之所未見思之所未至智之所未及者乎（言未至者）

徯當作傒後仿此注同注午字下脫父字肹肸字之誤肹當作職職當作肸

未及也爲其德廣厚也子貢曰賜得則願聞之也孔子曰不克不忌不念舊惡蓋伯夷叔齊之行也克好勝人忌有思於人也論語曰伯夷叔齊不念舊惡怨是用希也晉平公問於祁徯曰羊舌大夫晉國之良大夫也其行如何平公悼公之子晉侯也祈徯祈午也羊舌肹羊舌職之父祈徯對辭曰不知也公曰吾聞女少長乎其所女其闇知之言居處之同者桓爲相也祈徯對曰其幼也恭而遜耻而不使其過宿也其爲侯大夫也悉善而謙其端也主於善謙而正其爲公車尉也信而好直其功也公車尉公行也詩云殊異於公行也至於其爲和容也溫良而好禮博聞而時出其志和容主賓客也公曰嚮者問女女何曰弗知也祈徯

注謚當作諡

對曰每位改變未知所止是以不知蓋羊舌大夫之行也畏天而敬人服義而行信孝乎父而恭於兄好從善而斅往蓋趙文子之行也晉大夫趙武也其事君也不敢愛其死不苟免於難也然亦不忘其身不死於不義也謀其身不遺其友君陳則進不陳則行而退陳爲陳其德教蓋隨武子之行也晉大夫也世掌天官後受隨范會名也季字也武諡也其爲人之淵泉也多聞而難誕也不內辭足以沒世國家有道其言足以生國家無道其默足以容蓋桐提伯華之行也晉大夫羊舌赤也邑於桐提外寬而內直自設於隱栝之中能以禮自鞏直也孔子曰隱栝之傍多曲木也直己而不直於人以善存亡汲汲蓋

謚當作諡

注有脫誤

蘧伯玉之行也衛大夫蘧瑗也孝子慈幼允德稟義約貨去怨蓋柳下惠之行也魯士師展禽也食菜於柳下惠謚也其言曰君雖不量於臣臣不可以不量於君是故君擇臣而使之下重五字擇臣而使之臣擇君而事之有道順君無道橫命晏平仲之行也齊大夫晏嬰也德恭而行信終日言不在尤之内在尤之外貧而樂也蓋老萊子之行也楚人隱者也易行以俟天命居下位而不援其上觀於四方也[illegible]其親苟思其親不盡其樂以不能學爲巳終身[illegible]介山子推之行也晉大夫介之推也離騷曰火滋曰封介山封而爲之禁轂號火德之

[illegible]記卷第六

大戴禮記卷七之九

孔字衍

幼字下脫而字
彗慧恵三字古
通用　敦敏下
脫成字

大戴禮記卷第七

五帝德第六十二

宰我問於孔子曰昔者予聞諸榮伊令黃帝三百年請問黃帝者人邪抑非人邪何以至於三百年乎孔孔子曰予禹湯文武成王周公可勝觀也夫黃帝尚矣女何以爲先生難言之宰我曰上世之傳隱微之說卒業之辨闇昏忽之意非君子之道也則予之問也固矣孔子曰黃帝少典之子也曰軒轅生而神靈弱而能言幼彗齊長而敦敏而聰明治五氣設五量撫萬民度四方教熊羆貔豹虎以與赤帝戰于版泉

說一作記

之野三戰然後得行其志黃帝黼黻衣大帶黼裳乘龍扆雲以順天地之紀幽明之故死生之說存亡之難時播百穀草木故教化淳鳥獸昆虫曆離日月星辰極畋土石金玉勞心力耳目節用水火材物生而民得其利百年死而民畏其神百年亡而民用其教百年故曰三百年宰我請問帝顓頊孔子曰五帝用說三王用度女欲一日辨聞古昔之說躁哉予也宰我曰昔者予也聞諸夫子曰小子無有宿問孔子曰顓頊黃帝之孫昌意之子也曰高陽洪淵以有謀疏通而知事養材以任地履時以象天依鬼神以制義

治氣以教民絜誠以祭祀乘龍而至四海北至于幽
陵南至于交趾西濟于流沙東至于蟠木動靜之物
大小之神日月所照莫不祇勵宰我曰請問帝嚳孔
子曰玄囂之孫蟜極之子也曰高辛生而神靈自言
其名博施利物不於其身聰以知遠明以察微順天
之義知民之急仁而威惠而信脩身而天下服取地
之財而節用之撫教萬民而利誨之曆日月而迎送
之明鬼神而敬事之其色郁郁其德嶷嶷其動也時
其服也士春夏乘龍秋冬乘馬黃黼黻衣執中而獲
天下日月所照風雨所至莫不從順宰我曰請問帝

斆當作兜

陶家一作陶漁

堯孔子曰高辛之子也曰放勳其仁如天其知如神就之如日望之如雲富而不驕貴而不豫黃黼黻衣丹車白馬伯夷主禮龍夔教舞舉舜彭祖而任之四時先民治之流共工于幽州以變北狄放驩斆于崇山以變南蠻殺三苗于三危以變西戎殛鯀于羽山以變東夷其言不貳其德不回四海之內舟輿所至莫不說夷宰我曰請問帝舜孔子曰蟜牛之孫瞽叟之子也曰重華好學孝友聞于四海陶家事親寬裕溫良教敦而知時畏天而愛民恤遠而親親承受大命依倪皇懿明通知爲天下王使禹敷土主名山川

義當作羲

身爲律身當作聲

以利於民使后稷播種務勤嘉穀以作飲食羲和掌曆敬授民時使益行火以辟山萊伯夷主禮以節天下夔作樂以歌籥舞和以鍾鼓皐陶作士忠信疏通知民之情契作司徒教民孝友敬政率經其言不惑其德不慝舉賢而天下平南撫交趾大一作放教鮮支渠廋氐羌北山戎發息慎東長鳥夷羽民舜之少也惡顇勞苦二十以孝聞乎天下三十在位嗣帝所五十乃死葬于蒼梧之野宰我曰請問禹孔子曰高陽之孫鯀之子也曰文命敏給克濟其德不回其仁可親其言可信身爲律身爲度稱以上士亹亹穆穆爲

一本作不享不庭無道之民

綱爲紀巡九州通九道陂九澤度九山爲神主爲民父母左准繩右規矩履四時據四海平九州戴九天明耳目治天下舉皋陶與益以贊其身舉干戈以征不享不道無德之民四海之内舟車所至莫不賓服孔子曰予大者如說民說至矣予也非其人也宰我曰予也不足誠也敬承命矣他日宰我以語人有爲道諸夫子之所孔子曰吾欲以顔色取人於滅明邪改之吾欲以語言取人於予邪改之吾欲以容貌取人於師邪改之宰我聞之懼不敢見

帝繫第六十三

滕氏一本作滕隍氏奔字衍

象產疑作產象

少典產軒轅是爲黄帝黄帝產玄囂玄囂產蟜極蟜極產高辛是爲帝嚳帝嚳產放勳是爲帝堯黄帝產昌意昌意產高陽是爲帝顓頊顓頊產窮蟬窮蟬產敬康敬康產句芒句芒產蟜牛蟜牛產瞽叟瞽叟產重華是爲帝舜及象產敖顓頊產鯀鯀產文命是爲禹黄帝居軒轅之丘娶于西陵氏之子謂之嫘祖氏產青陽及昌意青陽降居泜水昌意降居若水昌意娶于蜀山氏蜀山氏之子謂之昌濮氏產顓頊顓頊娶于滕氏滕氏奔之子謂之女禄氏產老童老童娶于竭水氏竭水氏之子謂之高緺氏產重黎及吴回

大人當作六人

回當作四

付一作什什下脫什祖氏 羊當作羋

亶一作亶

吳回氏産陸終陸終氏娶于鬼方氏鬼方氏之妹謂之女隤氏産六子孕而不粥三年啓其左脅大人出焉其一曰樊是爲昆吾其二曰惠連是爲參胡其三曰籛是爲彭祖其四曰萊言是爲云鄶人其五曰安是爲曹姓其六曰季連是爲芉姓季連産付祖氏産内熊九世至于渠婁鯀出自熊渠有子三人其孟之名爲無康爲句亶王其中之名爲紅爲鄂王其季之名爲疵爲戚章王昆吾者衛氏也參胡者韓氏也彭祖者彭氏也云鄶人者鄭氏也曹姓者邾氏也季連者楚氏也帝嚳卜其四妃之子而皆有天下上妃有

石當作后
堯字下脫次字
一本藍字下有而青於藍四字
挺一作挻

邰氏之女也曰姜原氏產石稷次妃有娀氏之女也曰簡狄氏產契次妃曰陳隆氏產帝堯妃曰陬訾氏產帝摯帝堯娶于散宜氏之子謂之女皇氏帝舜娶于帝堯之子謂之女匽氏鯀娶于有莘氏之子謂之女志氏產文命禹娶于塗山氏之子謂之女憍氏產啓

勸學第六十四

君子曰學不可以已矣青取之於藍水則爲冰而寒於水木直而中繩輮而爲輪其曲中規枯暴不復挻者輮使之然也是故不升高山不知天之高也不臨

于越一作於越　慱當作慱知一作如

深谿不知地之厚也不聞先王之遺道不知學問之大也于越戎貉之子生而同聲長而異俗者教使之然也是故木從繩則直金就礪則利君子慱學知日參巳爲故知明則行無過詩云嗟爾君子無恒安息靖恭爾位好是正直神之聽之介爾景福神莫大於化道福莫長於無咎孔子曰吾嘗終日思矣不如須臾之所學吾嘗跂而望之不如升高而慱見也升高而招非臂之長也而見者遠順風而呼非聲加疾也而聞者着假車馬者非利足而致千里假舟檝者非能水也而絕江海君子之性非異也而善假於物也

東當作束

南方有鳥名曰蜨鳩以羽爲巢編之以髮繫之葦苕風至苕折子死卵破巢非不完也所繫者然也西方有木名曰射干莖長四寸生於高山之上而臨百仞之木莖非能長也所立者然也蓬生麻中不扶自直蘭氏之根懷氏之苞漸之滫中君子不近庶人不服質非不美也所漸者然也是故君子靖居恭學脩身致志處必擇鄉游必就士所以防僻邪而道中正也物類之從必有所由榮辱之來各象其德肉腐出蟲魚枯生蠹殆教亡身禍災乃作強自取折柔自取束邪穢在身怨之所構布薪若一火就燥平地若一水

朽一作朽不
知一作不折

就濕草木疇生禽獸羣居物各從其類也是故一作質
正鵠張而弓矢至焉林木茂而斧斤至焉樹成蔭而
鳥息焉醯酸而蜹聚焉故言有召禍行有招辱君子
慎其所立焉積土成山風雨興焉積水成川蛟龍生
焉積善成德神明自傳聖心備矣是故不積跬步無
以致千里不積小流無以成江海騏驥一躒不能千
里駑馬無極功在不舍楔而舍之朽木不知楔而不
舍金石可鏤夫螾無爪牙之利筋脉之強上食晞土
下飲黃泉者用心一也蟹二螯八足非蛇䱇之穴而
無所寄託者用心躁也是故無憤憤之志者無昭昭

跂一作岐

伯牙鼓瑟瑟當作琴

之明無緜緜之事者無赫赫之功行跂途者不至事兩君者不容目不能兩視而明耳不能兩聽而聰騰蛇無足而騰鼫鼠五伎而窮詩云鳲鳩在桑其子七兮淑人君子其儀一兮其儀一兮心若結兮君子其結於一也昔者瓠巴鼓瑟而沈魚出聽伯牙鼓瑟而六馬仰秣夫聲無細而不聞行無隱而不形玉居山而木潤淵生珠而岸不枯爲善而不積乎豈有不至哉孔子曰野哉君子不可以不學見人不可以不飾不飾無貌不敬不敬無禮不立夫遠而有光者飾也近而逾明者學也譬之如洿邪水潦灟焉莞蒲生焉

天當作夫
下
裹一作裹似入當作以入以善當作似善乎當作平

從上觀之誰知其非源泉也珠者陰之陽也故勝火玉者陽之陰也故勝水其化如神故天子藏珠玉諸侯藏金石大夫畜犬馬百姓藏布帛不然則強者能守之知者能秉之賤其所貴而貴其所賤不然矜寡孤獨不得爲子貢曰君子見大川必觀何也孔子曰天水者君子比德焉偏與之無私似德所及者生所不及者死似仁其流行痺下倨句皆循其理似義其赴百仞之谿不疑似勇淺者流行深淵不測似智弱約危通似察受惡不讓似真苞裹不清似入鮮絜以出以善化必出量必乎似正盈不求概似厲折必以

東西似意是以見大川必觀焉

大戴禮記卷第七

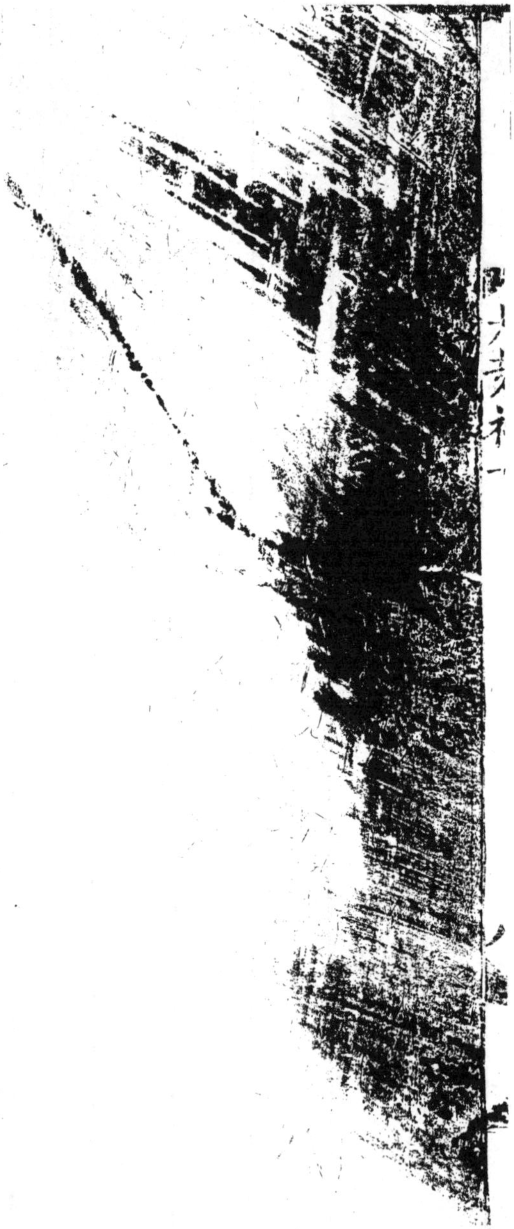

注来若字誤當作勿揩

大戴禮記卷第八

子張問入官第六十五

子張問入官於孔子孔子曰安身取譽爲難也子張曰安身取譽如何孔子曰有善勿專（專爲自納於己）教不能勿揩（来若家語爲勿怠也進或聲誤爲揩勿進嫌其倦也）已過勿發失言勿踦（踦邪也出言既失勿爲邪途以成之）不善辭勿遂（人言不中勿貳遂之）行事勿留（凡行政事勿稽留之）君子入官自行此六路者則身安譽至而政從矣（上六者可以自通故稱路也）且夫忿数者獄之所由生也距諫者慮之所以塞也慢易者禮之所以失也墮怠者時之所以後也奢侈者財之所以不足也（儉則有餘奢則

注二路當作六路

注二路當作七路

（不足）專者事之所以不成也歷者獄之所由生也（歷歷乱也）君子入官除七路者則身安譽至而政從矣（七者亦致三之道也）故君子南面臨官大城而公治之（大城列國無公私也）精知而畧行之（精知者當先是二路畧行者謂度時而施）合是忠信考是大倫存是美惡而進是利而除是害而無求其報焉而民情可得也（能合是六路之忠信及進除二路之利害施焉而不求報則民情不失矣）故臨之無抗民之志勝之無犯民之言（勝謂民辭情短）量之無狡民之辭（狡害也恒言無害也）養之無擾於時愛之勿寬於刑言此則身安譽至而民自得也故君子南面臨官所見邇故明不可弊也（言所見先求於近者中庸曰舜其大知也與舜好問而好察邇言也）

注婦當作歸

所求迩故不勞而得也言所求自近始故詩云無田甫田勞心忉忉所以治者約故不用衆而譽至也法象在內故不遠言內有法象則百姓亦有礼度源泉不竭故天下積也積為婦湊也而木不寡短長人得其量量而用之以泉木二用諭君子之政故治而不乱故六者貫乎心藏乎志志者心之府也形乎色發乎聲聲言也若此則身安而譽至而民自得也故君子南面臨官不治則乱至民錯乱也乱至則爭爭之至又反於乱乱反乱也是故寬裕以容其民慈愛以優柔之而民自得也已故躬行者政之始也身行之也調悅者情之道也言調說者治人情之道也善政行易則民不怨先王善政能躬行之使平易則民悅言調悅則民

大二〇三

不辨法謂不争也周礼曰凡辨法者考焉仁在身則民顯以佚之也
財利之生微矣貪以不得善政必簡矣初聞善政必記之苟
以乱之善言必聽矣聞善言始亦聽之也詳以失之後政不行詳爲陋矣
規諫曰至煩以不聽矣詩云老夫灌灌小子蹻蹻也言之善者在
所曰闓行之善者在所能爲君子言之善者在於終日言之君子行之善者
在其能躬行記聽而失之則無益於言行也故上者民之儀也有司執政
民之表也邇臣便辟者羣臣僕之倫也倫理也言是羣臣羣僕之
綱理也故儀不正則民失誓表弊則百姓乱邇臣便辟
不正廉而羣臣服汙矣誓勑也服事也汙濫也言私謁也故不可不
慎乎三倫矣故君子脩身反道察説而邇道之服存

注人當作入 林當作材

焉脩身當本於道而省其說則近道之事存是故夫工女必自擇絲麻良工必自擇齎材周礼巾車職曰毀折人齎於職幣家語爲完林也賢君良上必自擇左右始故佚諸取人勞於治事勞於取人佚於治事郭象曰王上無爲於日事而有爲於用也故君子欲譽則謹其所便便所便習欲名則謹於左右故上者辟如緣木者務高而畏下者滋甚言在民上者譬若此淮南子曰君子之居民上也譬以腐御良馬六馬之離必於四面之衢衢四達道民之離道必於上之佚政也故上者尊嚴而絕百姓者卑賤而神孟子曰民爲貴社稷次之君爲輕也民而愛之則存惡之則亡也故君子南面臨官貴而不驕富恭有本能圖本爲身也謂能謀其身也脩業居久

注等字下脫情字

注情當作憚

而譚譚誕也謂安縱也情邇暢而及乎遠察一而關于多一物治而萬物不亂者以身為本者也故君子莅民不可以不知民之性達諸民之情性為仁義礼智之等為喜怒愛惡之屬性者生之質情者人之欲詩云天生烝民有物有則既知其以生有習然後民特從命也生謂性也習調節也故世舉則民親之世舉言治政均則民無怨故君子莅民不臨以高不道以遠不責民之所不能今臨之明王之成功則民嚴而不迎也明王之民比屋可封苟欲齊之則情而不能迎致王命道以數年之業則民疾使成數年之業則民困矣疾則辟矣故古者冕而前旒所以蔽明也統紩塞耳所以弇聰也故水至清則無魚人至察則無

注乗當作垂須當作瑱黈

書當作詩

欲當作秋

注若也當作善也若此當作若死

徒礼縟含文嘉以懸紞乗旒爲閑姧声弇乱色今云惑視聽則纊須之設兼此二事也紞莊子爲黈黄也案此記與莊說及著書之義則人君以黄旒充耳大夫用素皆尚以玉也然毛王徒以石飾玉及鄭謂充耳爲欲名義乖錯故未詳故枉而直之使自得之民有邪枉教之使自得也孟子曰匡之直之使自得之優而柔之使自求之謂寛教之揆而度之使自索之謂量民之才而施教之民有小罪必以其善以赦其過如死使之生其善也其若也若此而使之復生也是以上下親而不離故惠者政之始也政不正則不可教也不習則民不可使也故君子欲言之見信也者莫若先虛其內也謂內外相應欲政之速行也者莫若以身先之也欲民之速服也者莫若以道御之也故不先以身雖

注鄭當作郟

注反當作及

考徃當作考德

行必隣矣鄰鄭不以道御之雖服必強矣故非忠信則無可以取親於百姓矣此忠信寛於言行相顧也上無此條者以言行不違在忠信之間外內不相應則無可以取信者矣四者治民之統也四者謂以身先反以道御之忠信及內外相應

凡一千六十五字

盛德第六十六

聖王之盛德人民不疾六畜不疫五穀不灾陰陽順序故人物不害也諸侯無兵而正小民無刑而治蠻夷懷服國語曰先王熛德不觀兵古者天子常以季冬考徃以觀治亂得失辨其法政也凡德盛者治也德不盛者亂也德盛者得之也德不盛者失之也是故君子考德而天下之治亂得

凡盛德下三十九字衍文

法訛潄衰訛裹

兄當作凡災訛灾

失辨其法政也凡盛德者治也德不盛者乱也德盛者得之也德不盛者失之也是故君子考德而天下之治乱得失可坐廟堂之上而知也言不出户庭而周知海内之善惡也德盛則脩法德不盛則飾政法德法政禁令潄政而德不裹故曰王也王者往也民所歸也兄人民疾六畜疫五穀灾者生於天天道不順生於明堂不飾故有天灾則飾明堂也淮南子云明堂之廟行明堂之令以調陰陽之氣而知四時之節以辟疾之灾也凡民之爲姧邪竊盜歷法妄行者生於不足乱法者生於不知足不足生於無度量也無度量則小者偷墮大者侈靡而不知足偷苟且墮解墮故有度量則民足民足則無爲姧邪竊盜

祭祀致饋養下脫之道也死且思慕饋養九字 一本禮字下有也字 注君臣當作臣子

之有當作有之

注忠當作惡則當作敗 正文門當作門

歷法妄行者故有姦邪竊盜歷法妄行之獄則飾度量也凡不孝生於不仁愛也不仁愛生於喪祭之禮不明喪祭之禮所以教仁愛也致愛故能致喪祭春秋祭祀之不絕致思慕之心也（孝經曰春秋祭祀以時思之也）夫祭祀致饋養況於生而存乎故曰喪祭之禮明則民孝矣故有不孝之獄則飾喪祭之禮（經解曰喪祭之禮廢則君臣之恩薄而倍死亡生者衆）凡弑上生於義不明義者所以等貴賤明尊卑貴賤有序民尊上敬長矣民尊上敬長而弑者寡之有也朝聘之禮所以明義也故有弑獄則飾朝聘之禮也（經解曰朝聘之礼廢則君臣之義失諸侯之行忠而倍畔侵陵之則起矣）凡門

相陵一本作相侵陵

注時當作而

注名聞疑有脱誤

注祭禮當作禮察

辨生於相侵陵也相陵生於長幼無序而教以敬讓也故有鬭辨之獄則飾鄉飲酒之禮也經解曰鄉飲酒之礼廢則長幼之序失時争鬬之獄煩凡婬乱生於男女無别夫婦無義婚禮享聘者所以别男女明夫婦之義也享爲享婦及召聞也故有婬乱之獄則飾昏禮享聘也經解曰婚姻之礼廢則夫婦之道苦而婬辟之罪多故曰刑罰之所從生有源不務塞其源而務刑殺之是爲民設陥以賊之也祭礼曰礼禁將然之前法施巳然之後也刑罰之源生於嗜慾好惡不節總言百姓犯刑罰之所由故明堂天法也天神所在也王者於此則天無私勤施之法禮度德法也礼謂三百三千也雖有仁德也所以御民之嗜慾好惡以慎天法以成德法也

論吏德行能理功理字疑衍

注內史下脫皆宗伯之屬太史七字書作太史友內史友此少兩友字

天地不可成順之而已其礼度則使成之刑法者所以威不行德法者也天道遠不責之德法不行則罰之故季冬聽獄論刑者所以正法也法正論歲終聽不德之刑爲正德法而論也吏公行之是故古者天子孟春論吏德行考羣臣之德行能理功能德法者爲有德謂內外善也能行德法者爲有行謂能皆行能理德法者爲有能謂能綜理之而又弗盡行能成德法者爲有功謂內外成之而未能善也故論吏而法行事治而功成季冬正法孟春論吏治國之要也春論班賞冬考量刑則莫不懲勸矣德法者御民之銜也吏者轡也刑者筴也天子御者內史太史左右手也太史內史下大夫二人內史中大夫一人俱親王之官也書曰太史內史云內史太史左右手則太史爲左史內史爲右

均民下脱力字

（史寫）古者以法爲銜勒以官爲轡以刑爲筴以人爲手故御天下數百年而不懈惰（史當字誤爲人）善御馬者正銜勒齊轡筴均馬力和馬心故口無聲手不搖筴不用而馬爲行也善御民者正其德法飭其官而均民和民心故聽言不出於口刑不用而民治是以民德美之夫民善其德必稱其人故今之人稱五帝三王者依然若猶存者其法誠德（法天法也）其德誠厚（謂礼度也）夫民思其德必稱其人朝夕祝之升聞於皇天上帝歆焉故永其世而豐其年不能御民者棄其德法譬猶御馬棄轡勒而專以筴御馬馬必傷車必敗無德法而

注焉當作馬

注合當作含
姓當作性

專以刑法御民民必走國必亡故淮南子曰舜無佚民造父無佚焉亡德法民心無所法循迷惑失道謂民上必以爲乱無道謂君苟以爲乱無道刑罰必不克又不能中成其無道上下俱無道故今之稱惡者必比之於夏桀殷紂何也曰法誠不德其德誠薄夫民惡之必朝夕祝之升聞于皇天上帝不歆爲故水旱並興災害生焉故曰德法者御民之本也古之御政以治天下者冢宰之官以成道司徒之官以成德天性發施故爲道地理合藏故主德道德者包五姓内外之稱也天地之官尊故總爲宗伯之官以成仁木爲仁也司馬之官以成聖聖通也夏氣物充達又征伐者所以平通天下司冦之官以成義金爲義

注九當作凡

注鑾當作鋈

鈌詩作觖

司馬當作司會

司空之官以成禮不主智者巳兼司馬九宗社之設城郭之度宮室之量輿服之制皆官所職也故六官以爲轡司會均入以爲軜軜在軾前欽六轡之餘詩云鋈以鈌軜司會冢宰之屬中大夫二人會計也王天下之大計王制曰司馬以歲之成質於天子也故御四馬執六轡御天地與人與事者亦有六政六政謂道德仁聖禮義也是故善御者正身同轡詩云六轡旣均均馬力齊馬心惟其所引而之不遠於節故任其馳以取長道遠行可以之急疾言皆從人心也可以御天地與人事此四者聖人之所乘也四者天地與人與事是故天子御者太史內史左右手也六官亦六轡也天子三公合以執六官三公無官佐王論道而巳均五政齊五法五政謂天子公卿大夫士五法謂仁義禮智信以御四者故

注闕教典安邦國五字

飾當作飭　審一作蕃

亦惟其所引而之以之道則國治治典經邦國以之德則國安以之仁則國和礼典和邦國以之聖則國平政典平邦國以之義則國成刑典詰邦國以之禮則國定體國經野事官之職此[illegible]之是不

本明堂篇即在盛德篇中不別出九五十八行

[illegible]也是故官屬不理分職不明治政不一百事失紀曰乱也乱則飾冢宰地宜不殖財物不審萬民飢寒教訓失道風俗淫僻百姓流亡人民散敗曰危也危則飭司徒父子不親長幼無序君臣上下相乖曰不和也不和則飭宗伯賢能失官爵功劳失賞禄爵禄失則士卒疾怨兵弱不用曰不平也不平則飭司馬

注九當作凡

注鑒當作鋈
鈌詩作觖
司馬當作司會

司空之官以成禮不主智者已兼司馬九宗社之設城郭之度宮室之量輿服之制皆官所職也故六官以爲轡司會均入以爲軜內軜在軾前欽六轡之餘詩云鑒以鈌軜司會冢宰之屬中大夫二人會計也主天下之大計王制曰司馬以歲之成質於天子也故御四馬執六轡御天地與人與事者亦有六政六政謂道德仁聖礼義也是故善御者正身同轡詩云六轡既均均馬力齊馬心惟其所引而之不遠於鄙故任其馳以取長道遠行可以之急疾言皆從人心也可以御天地與人事此四者聖人之所秉也四者天地與人與事是故天子御者太史內史左右手也六官亦六轡也天子三公合以執六官三公無官佐王論道而已均五政齊五法五政謂天子公卿大夫士五法謂仁義礼智信以御四者故

注闕教典安邦國五字

餙當作飭 審一作蕃

亦惟其所引而之以之道則國治 治典經邦國 以之德則國安以之仁則國和 礼典和邦國 以之聖則國平 政典平邦國 以之義則國成 刑典詰邦國 以之禮則國定 體國經野事官之職 此御政之體也過失也人情莫不有過過而改之是不過也是故官屬不理分職不明治政不一百事失紀曰乱也乱則餙冢宰地宜不殖財物不審萬民飢寒教訓失道風俗淫僻百姓流亡人民散敗曰危也危則餙司徒父子不親長幼無序君臣上下相乖曰不和也不和則餙宗伯賢能失官爵功勞失賞禄爵禄失則士卒疾怨兵弱不用曰不平也不平則餙司馬

糺當作糾

注文當作又

刑罰不中暴乱姦邪不勝曰不成也不成則飭司寇百度不審立事失理財物失量曰貧也貧則飭司空冢宰掌六典司徒掌十二教宗伯掌五礼司馬掌九伐司冦掌五刑小宰礼曰一曰治職以平邦國以均万民以節財用二曰教職以安邦國以寧万民以懷賔客三曰礼職以和邦國以諧万民以事鬼神四曰政職以服邦國以正万民以聚百物五曰刑職以詰邦國以糺万民以除盜賊六曰事職以富邦國以養万民以生百物司馬之屬司勳掌六鄉之賞田以等其功文司士之官掌羣吏之數以詔其爵禄凡度量財物考之猶有其事故曰御者同是車馬或以取千里或數百里者所進退緩急異也治者同是法或以治或以乱者亦所進退緩急異也

明堂第六十七

八牖一作八聰聰古窗字一窒當作室

注辟當作壁

注名當作各

明堂者古有之也明堂之作其代未得而詳也案淮南子言神農之世祀於明堂明堂有盖四方又漢武帝時有獻黃帝明堂圖者四面無壁中有一殿然其猶或始於此也凡九室一室而有四户八牖三十六户七十二牖以茅盖屋茅取其絜質也上圓下方明堂者所以明諸侯尊卑明堂非所以朝諸侯於祀也諸侯亦倫焉外水曰辟雍韓詩説辟負如壁雍以水不言負言辟者取辟有德不言辟水言雍雍和也南蠻東夷北狄西戎言四海之君於祭也名以其所列於水外明堂月令於明堂之中施十二月之令赤綴户也白綴牖也綴飾也二九四七五三六一八記用九室謂法龜文故取比數以明其制也堂高三尺東西九筵南北七筵上圓下方九室十二堂室四户户二牖其宮方三百步在近郊近郊三十里

注韓諸當作韓詩 户户下户字衍

注圭當作王

注莆字上脫蓂字

刑當作形

正朝下脫儀字

王公當作三公

西南當作西面

土當作士

淳于登説明堂在國之陽三里之外七里之内丙巳之地韓諸説明堂南方七里之郊然三十里無所取也再言方圓及户户牖之數亦煩重或以爲明堂者文王之廟也明堂與文圭之廟不爲同爽或説謬也朱草日生一葉至十五日生十五葉十六日一葉落終而復始也孝經援神契曰朱草生蓂莢孳嘉禾成蒲生蓂莢堯時俠階而生以記朔也朱草可食王者慈仁則生其刑無記朔之狀蓋説不詳周時德澤洽和萬茂大以爲宮柱名爲萬宮也晏子春秋曰明堂之制下之潤濕不及也上之寒暑不入也木工之鏤示民知節也然或以萬爲桂表其儉質也明堂別有圖論不復詳焉此天子之路寢也不齊不居其屋路寢亦爲此制待朝在南宮將視朝時揖朝出其南門周礼司士職曰正朝之位辨其貴賤之等王南向王公北面東上孤東面北上卿大夫西面北上王族故士虎士在路門之右南面東上太僕大右太僕從者

在路門之左南面西上司士檳孤卿特揖大夫以其等旅揖士旁三揖王還揖門左揖門右太僕前正視朝位王入內皆退已

大戴禮記卷第八

循灌廟一作循其灌廟建其主一作建其宗主

設下脫如字

大戴禮記卷第九

千乘第六十八

公曰千乘之國受命於天子通其四彊教其書社循灌廟建其主設其四佐列其五官處其朝市爲仁如何子曰不仁國不化公曰何如之謂仁子曰不淫於色子曰立妃設如太廟然乃中治中治不相陵不相陵斯庶嬪遵遵則事上靜靜斯潔信在中朝大夫必慎以恭出會謀事必敬以慎言長幼小大必中度此國家之所以崇也立子設宗社宗社先示威威明顯見辨爵集德是以母弟官子咸有臣志莫敢援於外

得一作行

大夫中婦私謁不得此所以使五官治執事政也夫政以教百姓百姓齊以嘉善故蠱佞不生此之謂良民國有道則民昌此國家之所以大遂也卿設如大門大門顯美小大尊卑中度開明閉幽内禄出災以順天道近者閑焉遠者稽焉君發禁宰而行之以時通于地散布于小理天之災祥地寶豐省及民共饗其禄共任其灾此國家之所以和也國有四輔輔卿也卿設如四體毋易事毋假名毋重食凡事尚賢進能使知事爵不世能之不愆凡民戴名以能食力以時成以事立此所以使民讓也民咸孝弟而安讓此

此國下當有家字

立此一作本此國家下脱之字官下脱之字

一本圖字作正文

以怨省而乱不作也此此國之所以長也下無用則國家富上有義則國家治長有禮則民不争立有神則國家敬無而愛之則民無怨心以爲無命則民不偷昔者先王立此六者而樹之德此國家所以茂也設其四佐而官司徒典春以教民之不則時不若不令成長幼老疾孤寡以時通于四壇有闔而不通有煩而不治則民不樂生不利衣食凡民之蔵貯以及山川之神明加于民者發圖一作功謀齋戒必敬會時必節日歷巫祝執伎以守官俟命而作祈王年禱民命及畜穀蜚征庶虞草方春三月緩施生育動作百物

義一作乂

於時有事享于皇祖皇考朝孤子八人以成春事司馬司夏以教士車甲凡士執伎論功脩四衛强股肱質射御才武聰慧治衆長卒所以爲儀綴於國出可以爲率誘於軍旅四方諸侯之遊士國中賢餘秀興閱焉方夏三月養長秀蕃庶物於時有事享于皇祖皇考爵士之有慶者七人以成夏事司寇司秋以聽獄訟治民之煩乱執權變民中凡民之不刑崩本以要間作起不敬以欺惑憧愚作於財賄六畜五穀曰盜誘居室家有君子曰義子女專曰媄餙五兵及木石曰賊以中情出小曰間大曰講利辟以乱屬曰讒

原闕第三葉

安民疑作安居

今當作令

末當作失

咸之當作咸知

適古通敵

矣西辟之民曰戎勁以剛至于大遠有不火食者矣北辟之民曰狄肥以戾至于大遠有不火食者矣及中國之民曰五方之民有安民和味咸有實用利器知通之信今之及量地度居邑有城郭立朝市地以度邑以度民以觀安危距封後利先慮以固依固可守爲奥可以能節四時之事霜露時降方冬三月草木落庶虞藏五穀必入于倉於時有事蒸于皇祖皇考息國老六人以成冬事民咸知孤寡之必不末也咸之有大功之必進等也咸知用勞力之必以時息也推而內之水火人也弗之顧矣而況有強適在前

有君長正之者乎公曰善哉

四代第六十九

公曰四代之政刑論其明者可以爲法乎子曰何哉
四代之政刑皆可法也公曰以我行之其可乎子曰
否不可臣願君之立知而以觀聞也四代之政刑君
若用之則緩急將有所不節不節君將約之約之卒
將棄法棄法是無以爲國家也公曰巧匠輔繩而斷
胡爲其棄法也子曰心未之度習未之狎此以數踰
而棄法也夫規矩準繩鈞衡此昔者先王之所以爲
天下也小以及大近以知遠今日行之可以知古可

令當作令
三當作二
大道一作天道
厤雲下脫厤雲二字 蚩一作蜚

以察今其此耶水火金木土穀此謂六府廢一不可進一不可民並用之今日行之可以知古可以察今其此耶昔夏商之未興也伯夷謂此三帝之眇公曰長國治民恒幹論政之大體以教民辨歷大道以時地性興民之陽德以教民事上服周室之典以順事天子脩政勤禮以交諸侯大節無廢小眇其後乎子曰否不可後也詩云東有開明於時雞三號以興厤雲動蚩征作畜民執功百草咸淳地傾水流之是以天子盛服朝日于東堂以教敬示威于天下也是以祭祀昭有神明燕食昭有慈愛宗廟之事昭有義率

呼焉一本作
呼　道曰曰作
耶

禮朝廷昭有五官無廢甲冑之戒昭果毅以聽天子曰崩諸侯曰薨大夫曰卒士曰不祿庶人曰死昭哀哀愛無失節是以父慈子孝兄愛弟敬此昔先王之所先施於民也君而後此則爲國家失本矣公曰善哉子察教我也子曰鄉也君之言善執國之節也君先眇而後善中備以君子言可以知古可以察今奐然而興民壹始公曰是非吾言也吾一聞於師也子呼焉其色曰嘻君行道矣公曰道曰子曰道也公曰吾未能知人未能取人子曰君何爲不觀器視才公曰視可明乎子曰可以表儀公曰願學之子曰平原

芰當作芟

大藪瞻其草之高豐茂者必有怪鳥獸居之且草可財也如芰而夷之其地必宜五穀高山多林必有怪虎豹蓄孕爲深淵大川必有蛟龍焉民亦如之君察之此可以見器見才矣公曰吾猶未也子曰羣然戚然頎然罼然踖然柱然抽然首然僉然湛然淵淵然淑淑然齊齊然節節然穆穆然皇皇然見才色脩聲不視聞怪物恪命不改志舌不更氣君見之舉也得之取之有事事也事必與食食必與位無相越踰昔虞舜天德嗣堯取相十有六人如此公曰嘻美哉子道廣矣曰由德徑徑吾恐惛而不能用也何以哉公

曰請問圖德何尚子曰聖知之華也知仁之實也仁信之器也信義之重也義利之本也委利生孽公曰嘻言之至也道天地以民輔之聖人何尚子曰有天德有地德有人德此謂三德三德率行乃有陰陽陽曰德陰曰刑公曰善哉再聞此矣陽德何出子曰陽德出禮禮出刑刑出慮慮則鄰事於近而揚聲於遠公曰善哉載事何以子曰德以監位位以充局局以觀功功以養民民於此乎上公曰祿不可後乎子曰食爲味味爲氣氣爲志發志爲言發言定名名以出信信載義而行之祿不可後也公曰所謂民與天地

錢當作淺

失忘一作失志

相參者何謂也子曰天道以視地道以履人道以稽
廢一曰失統恐不長饗國公愀然其色子曰君藏玉
惟慎用之雖慎敬而勿愛民亦如之執事無貳五官
有差喜無並愛卑無加尊錢無測深小無招大此謂
楣機楣機賓薦不蒙昔舜徵薦此道於堯堯親用之
不亂上下公曰請問民徵子曰無以爲也難行公曰
願學之幾必能子曰貪於味不讓妨於政願富不久
妨於政慕寵假貴妨於政治民惡衆妨於政爲父不
慈妨於政爲子不孝妨於政大縱耳目妨於政好色
失忘妨於政好見小利妨於政變從無節挽弱不立

妨於政剛毅犯神妨於政鬼神過節妨於政幼勿與衆克勿與比依勿與謀放勿與游繳勿與事臣聞之弗慶非事君也君聞之弗用以乱厥德臣將慶其簡者蓋人有可知者焉貌色聲衆有美焉必有美質在其中者矣貌色聲衆有惡焉必有惡質在其中者矣此者伯夷之所後出也子曰伯夷建國建政脩（一作循）國脩政公曰善哉

虞戴德第七十

公曰昔有虞戴德何以深慮何及高舉安取子曰君以聞之唯丘無以更也君之聞如未成也黃帝慕脩

到即倒

一作循之曰明法于天明開施教于民行此以上明于天化也物必起是故民命而弗改也公曰善哉以天教于民可以班乎子曰可哉雖可而弗由此以上知所以行斧鉞也父之於子天也君之於臣天也有子不事父有臣不事君是非反天而到行邪故有子不事父不順有臣不事君必刃順天作刑地生庶物是故聖人之教于民也率天如祖地能用民德是以高舉不過天深慮不過地質知而好仁能用民力此三常之禮明而名不蹇禮失則壞名失則惛是故上古不諱正天名也天子之官四通正地事也天子御珽

分當作介

諸侯御荼大夫服笏正民德也斂此三者而一舉之
戴天履地以順民事天子告朔於諸侯率天道而敬
行之以示威於天下也諸侯內貢於天子率名斆地
實也是以不至必誅諸侯相見卿爲分以其教士畢
行使仁守會朝于天子天子以歲二月爲壇于東郊
建五色設五兵具五味陳六律品奏五聲聽明教置
離抗大侯規鵠堅物九卿佐三公三公佐天子天子
踐位諸侯各以其屬就位乃升諸侯諸侯之教士教
士執弓挾矢揖讓而升履物以射其地心端色容正
時以斆伎時有慶以地不時有讓以地天下之有道

家上脫國字
德福一作得福

也有天子存國之有道也君得其正家之不乱也有仁父存是故聖人之教于民也以其近而見者稽其遠而明者天事曰明地事曰昌人事曰比兩以慶違此三者謂之愚民愚民曰姦姦必誅是以天下平而家治民亦無貸居小不約居大則治衆則集寡則繚祀則德福以征則服此唯官民之上德也公曰三代之相授必更制典物道乎子曰否猷德保保惽乎前以小繼大變民亦也公曰善哉子之察教我也子曰丘於君唯無言言必盡於他人則否公曰教他人則如何子曰否丘則不能昔商老彭及仲傀政之教大

夫官之數士拔之教庶人揚則抑抑則揚綴以德行不任以言庶人以言猶以夏后氏之袝懷袍褐也行不越境公曰善哉我則問政子事教我子曰君問已參黃帝之制制之大禮也公曰先聖之道斯爲美乎子曰斯爲美雖有美者必偏屬於斯昭天之福迎之以祥作地之福制之以昌興民之德守之以長公曰善哉

凡七百八十字

誥志第七十一

公曰誥志無荒以會民義齋戒必敬會時必節犧牲

必全齋戚必絜上下禋祀外內無失節其可以省怨遠災乎子曰丘未知其可以省怨也公曰然則何以事神子曰以禮會時夫民見其禮則上下援援則樂樂斯毋憂以此怨省而亂不作也夫禮會其四時四孟四季五牲五穀順至必時其節也丘未知其可以爲遠災也公曰然則爲此何以子曰知仁合則天地成天地成則庶物時庶物時則民財敬（一作欲）民財敬以時作時作則節事節事以動衆動衆則有極有極以使民則勸勸則有功有功則無怨無怨則嗣世久唯聖人是故政以勝衆非以陵衆衆以勝事非以傷

冬萬一作
冬分

事事以靖民非以徵民故地廣而民衆非以爲災長
之祿也丘聞周太史曰政不率天下不由人則凡事
易壞而難成虞史伯夷曰明孟也幽幼也明幽雌雄
也雌雄迭興而順至正之統也日歸于西起明于東
月歸于東起明于西虞夏之歷正建於孟春於時冰
泮發蟄百草權輿瑞雉無釋物乃歲俱生于東以順
四時卒于冬萬於時雞三號卒明載于青色撫十二
月節卒于丑日月成歲曆再閏以順天道此謂歲虞
汁月天曰作明曰與維天是戴地曰作昌曰與惟地
是事人曰作樂曰與惟民是嬉民之動能不遠厥事

民之悲色不遠厥德此謂表裏時合物之所生而蕃
昌之道如此天生物地養物物備興而時用常節曰
聖人主祭於天曰天子天子崩步于四川代于四山
卒葬曰帝天作仁地作富人作治樂治不倦財富時
節是故聖人嗣則治文王治以俟時湯治以伐乱禹
治以移衆衆服以立天下堯貴以樂治時舉舜舜治
以德使力在國統民如恕在家撫官而國安之勿變
勸之勿沮民咸廢惡如進良上誘善而行罰百姓盡
於仁而遂安之此古之明制之治天下也仁者爲聖
貴次力次美次射御次古之治天下者必聖人聖人

勃海上脫隕字
不施下脫谷字

有國則日月不食星辰不勃海不運河不滿溢川澤不竭山不崩解陵不施川浴不處深淵不涸於時龍至不閉鳳降忘翼鷙獸忘攫爪鳥忘距蜂蠆不螫嬰兒蟁蛀不食夭駒雛出服河出圖自上世以來莫不降仁國家之昌國家之戚信仁是故不賞不罰如民咸盡力車不建戈遠迩咸服胤使來往地賓畢極無怨無惡率惟懿德此無空禮無空名賢人並憂殘毒以時省舉良良舉善善恤民使仁日數仁賓也

大戴禮記卷第九

大戴禮記卷十之十三

卷十

卷十一

卷十二

卷十三

大戴禮記卷第十

文王官人第七十二一本作觀人

王曰太師慎維深思內觀民務察度情偽謂視中變觀隱也官民能歷其才藝女維敬哉試以衆位歷觀其才也女何慎乎非倫倫理次也倫宜所慎倫有七屬屬有九用用有六徵一曰觀誠二曰考志三曰視中四曰觀色五曰觀隱六曰揆德其說在下王曰於乎女因方以觀之富貴者觀其禮施也觀其礼及其施曲礼曰積而能散貧窮者觀其有德守也觀其德與其守孔子曰君子固窮嬖寵者觀其不驕奢也隱約者觀其不懾懼也曲礼曰富貴而知好礼則不驕不淫貧賤而知好礼則志不懾其少觀其恭

喪當作裘
攸當作修

敬好學而能弟也其壯觀其絜廉務行而勝其私也其老觀其意憲慎強其所不足而不踰也孔子射矍相之圃蓋觀者如堵墻使公罔之喪序點揚觶而語公罔之喪揚觶而語曰幼壯孝弟者耋好礼不從流俗攸身以俟死者不在此位也蓋去者半處者半序點又揚觶而語曰好學不倦好礼不變旄期稱道不乱者不在此位也蓋勤有存者父子之間觀其孝慈也兄弟之間觀其和友也君臣之間觀其忠惠也父慈子孝兄友弟和君惠臣忠也鄉黨之間觀其信憚也信而敬憚省其居處觀其義方省其喪哀觀其貞良省其出入觀其交友省其交友觀其任廉任以恩相親信考之以觀其信挈之以觀其知示之難以觀其勇煩之以觀其治淹之以利以觀其不貪藍之

注位當作謂

以樂以觀其不寧藍猶鑑也喜之以物以觀其不輕怒之以觀其重醉之以觀其不失也縱之以觀其常遠使之以觀其不貳邇之以觀其不倦探取其志以觀其情考其陰陽以觀其誠陰陽位隱显也覆其微言以觀其信曲省其行以觀其備成此之謂觀誠也二曰方與之言以觀其志志殷如渙殷盛也渙蓋深字其氣寬以柔其色儉而不諂其禮先人其言後人見其所不足曰日益者也言曰就也如臨人以色高人以氣賢人以言防其不足不欲見之伐其所能曰日損者也其顏直而不侮其言正而不私不飾其美不隱其惡不防其過如日月之食曰

注考當作者

驚決二字宜倒轉

有質者也其頏固嘔其言工巧（嘔以躭色下人謂形柔而辟苟）飾其見物務其小微（有浮淺之事則工飾之而務尚其小成）以故自說（言以事自）

解說曰無質者也喜怒以物而色不作煩乱之而志不營（營猶乱也）深道以利而心不移（道也考導也）臨懾以威而氣不卑曰平心而固守者也喜怒以物而變易知煩乱之而志不裕示之以利而易移臨懾以威而易懾曰鄙心而勢氣者也孰之以物而遬驚決之以卒而度料（言引之以卒然之事而能應時度焉）不學而性辨曰有慮者也難投以物（物事）難說以言知一如不可以解也（言因一端）困而不知其止無辨而自慎曰愚怒者也（謂閒佷也）營之以物而

人當作之懼字上脫不字

貸當作貨注同

此之爲爲當作謂

不虞虞度也至則攻辨之不豫計度犯人以卒而懼置義而不可遷臨之以貸色而不可營曰絜廉而果敢者也果敢謂不虞不懼也絜廉謂不營於貸色在義而不可迂則兼之也易移以言存志不能守錮已諾無斷言正慎諾於人又不能自裁斷曰弱志者也順與之弗爲喜非奪之弗爲懟沉靜而寡言多稽而儉貌稽考也曰質靜者也辨言而不固行有道而先困自慎而不讓當如強之曰始妬誣者也謂始妬賢誣善微清而能發爲攻發發幽賾也度察而能盡曰治志者也華如誣巧言令色足恭一也皆以無爲有者也孔子曰巧言令色鮮矣仁此之爲考志也考度其志三曰誠在其中此見於外此上之諸志以其見占其

注第二嘶字當是斯

注收當作性

隱案其陽察其慝以其細占其大撮其小省其大以其聲處其氣聽處其聲氣也初氣主物與物在於胞胎物生有聲聲有剛有柔有濁有清有好有惡咸發於聲也心氣華誕者其聲流散心氣順信者其聲順節心氣鄙戾者其聲嘶醜心氣寬柔者其聲溫好嘶當爲声誤爲嘶春秋左傳曰蜂目豺声忍人也夫音之美惡尚通於金石而況於身乎信氣中易義氣時舒義者剛其氣亦充故舒縱也智氣簡備簡通勇氣壯直聽其聲處其氣考其所爲觀其所由察其所安以其前占其後以前行占後行以其見占其隱以其小占其大此之謂視中也四曰民有五性喜怒欲懼憂也喜怒懼憂欲以其俱生於人而有常故亦謂之性也此五者之收人心兼盡喜

氣内畜雖欲隱之陽喜必見怒氣内畜雖欲隱之陽怒必見欲氣内畜雖欲隱之陽欲必見懼氣内畜雖欲隱之陽懼必見憂悲之氣内畜雖欲隱之陽憂必見五氣誠于中發形於外民情不隱也喜色由然以生（由當爲油油然新生好皃）怒色拂然以侮欲色嘔然以偷（偷苟且也言惟求悅人）懼色薄然以下憂悲之色纍然而靜（王藻曰喪容纍纍也）誠智必有難盡之色誠仁必有可尊之色誠勇必有難懾之色誠忠必有可親之色誠絜必有難汙之色誠靜必有可信之色質色皓然固以安僞色縵然乱以煩雖欲故之中色不聽也（言雖欲故隱之於中而無奈色見於外故）

孝子二字當在曰字上

注人當作仁

注諂一作訽

子夏問曰孝子色難是以君子戒慎不失色於人也雖變可知此之謂觀色也

五曰生民有霒陽言人含陰陽之氣生而有知有知故生機僞也人有多隱其情飾其僞以賴於物以攻其名也有隱於仁質者有隱於知理者有隱於文藝者有隱於廉勇者有隱於忠孝者有隱於交友者如此者不可不察也小施而好大得小讓而好大事言願以爲質愿當爲声誤爲願也僞愛以爲忠面寛而貌慈假節以示之假節假人質之節故其行以攻其名如此者隱於仁質也故其行者故爲是行推前惡忠府知物焉謂有諂義之攻其所不知者則推援於人而恃以爲忠府而形貞又如曉然也首成功少其所不足謂有先功者因首之有不足者因薄之詐以爲知慮誠

注恐恐當作必恐

不及佯爲不言内誠不足色示有餘故知以動人自順而不讓（及其所不知一正也觀人之動因執爲意而不推讓於人也）錯辟而不遂莫知其情（本非其意故辟情不終詩云虵虵碩言出自口矣）如是者隱於知理者也素動人以言（爲先偏習之及於衆前爲方欲陳說也）涉物而不終（務廣聞而不究其言也）問則不對詳爲不窮色示有餘有道而自順用之物窮則爲深（妄言深遠）如此者隱於文藝者也廉言以爲氣（苟作廉言以見佚氣自然）驕厲以爲勇内恐外悴無所不至敬再其說（言苟自驕厲持以爲勇終恐恐懾而更至恭恪也）以詐臨人如此者隱於廉勇者也自事其親好以告人乞言勞醉（醉言倅也）而面於敬愛飾其見物故得其名名揚

注當作陰陰竊陽字訛

壯而安人一作莊而安人

於外不誠於內伐名以事其親戚以故取利（以如此故要取）其利（其利）分白其名以私其身如此者隱於忠孝者也陰行以人取名（陰陽竊求諸人也）謂比周以相譽（迭相親比交相談譽）明知賢可以人徵與左右不同而交交必重已（言知其賢而不與交交必取其重已）者也心說之而身不近之身近之而實不至而懽忠不盡懽忠盡見於衆而貌克（雖盡其忠及衆人之前猶相克事）如此者隱於交友者也此之謂觀隱也六曰言行不類終始相悖陰陽克易外內不合雖有隱節見行曰非誠質者也（隱節隱於仁質之等）其言甚忠其行甚平其志無私施不在多靜而寡類（不好狎）壯而安人曰有行心者也事變

經下脫正字

而能治物善而能説浚窮而能達(浚深也)錯身立方而

能遂曰廣知者也少言如行恭儉以讓有知而不伐

有施而不置(不形於心色也)曰慎謙良者也微忽之言久而

可復(謂微細及忽然之語)幽間之行獨而不克(克好勝入也)行其亡

如其存(爲奉先君及祖考之教令)曰順信者也貴富雖尊恭儉而

能施衆強嚴威有禮而不驕曰有德者也隱約而不

懾安樂而不奢勤勞之不變喜怒之如度晰曰守也

(晰明也有喜怒之來能置量度而明焉)置方而不毀(不瓦合也)廉絜而不戾

立強而無私曰經者也正靜以待命(命期命)不召不至

不問不言言不過行行不過道曰沉靜者也忠愛以

注妄言言字衍

注行征須倒轉

事其親歡欣以敬之盡力而不面敬以安人以名故不生焉曰忠孝者也合志如同方共其憂而任其難行忠信而不相疑迷隱遠而不相舍曰至友者也心色辭氣其入人甚俞（甚俞言無已）進退工（工能也）故其與人甚巧其就人甚速其叛人甚易曰位志者也（位志者言其不一如爵位及人志也位有高卑人各有志也）飲食以親貨賄以交接利以合故得望譽征利而依隱於物曰貪鄙者也（妄言為声誤為望行征也隱據也）質不斷辭不至（言心既不能裁斷而辭又不及）少其所不足謀而不已曰偽詐者也言行亟變從容謬易（安然反覆）好惡無常行身不類曰無誠志者也小知而不大決

小能而不大成顧小物而不知大論亟變而多私曰華誕者也規諫而不類道行而不平曰巧名者也云能規諫而反不類言以道行復不平也故事阻者不夷𣉻鬼者不仁恃禱祀而不自修也面譽者不忠飾貌者不情隱節者不平隱節者亦謂六隱之等多私者不義揚言者寡信此之謂揆德謂揆度於德也

王曰太師女推其往言以揆其来行聽其来言以省往行孔子曰始吾於人聽其言而信其行今吾於人聽其言而觀其行也觀其陽以考其陰察其内以揆其外是故隱節者可知僞飾無情者可辨質誠居善者可得忠恵守義者可見也王曰於乎敬哉女何慎乎非心何慎乎非人言當内慎其心外慎於人

平人人一作仁下仿此

人有六徵六徵既成以觀九用九用既立一曰取平人而有慮者二曰取慈惠而有理者三曰取直愍（一作質）而忠正者四曰取順直而察聽者五曰取臨事而絜正者六曰取慎察而絜廉者七曰取好（一作巧）謀而知務者八曰取接給而廣中者（接給謂應所問而勤廣中謂博於聞識也）九曰取猛毅而度斷者此之謂九用也平人而有慮者使是治國家而長百姓（国諸侯家采邑）慈惠而有理者使是長鄉邑而治父子（鄉鄉遂邑公邑）直愍而忠正者使是莅百官而察善否（於周礼則治官）慎直而察聽者使是長民之獄訟出納辞令（於周礼則刑官）臨事而絜正者使是守内藏

注案當作於

廉中當作廣中

注爲當作謂

女乎乎當作平

而治出入（案周礼則天官）慎察而絜廉者使是分財臨貨主賞賜（於周礼則司祿司勳）巧謀而知務者使治壤地而長百工（於周礼則遂人匠車之等）接給而廉中者使是治諸侯而待賓客（於周礼則行人掌客）猛毅而度斷者使是治軍事爲邊境（於周礼則政官也）因方而用之此之謂官能也九用者徵乃任七屬一曰國則任貴（周礼曰長以貴得民）二曰鄉則任貞（幹事曰貞周礼曰吏以治得民也）三曰官則任長（周礼曰大事聽其長小事則專達）四曰學則任師（周礼曰師以賢得民）五曰族則任宗（周礼曰宗以族得民）六曰家則任主（易曰家有嚴君焉父母之爲也）七曰先則任賢正月王親命七屬之人曰於乎慎維深內觀民務本慎在人女乎

授當作將

注知當作加

疊一作釁

傳當作傳

注侯下脫伯字

心去私慎用六證六證六徵論辨九用以交一人一人文王自謂也予亦不私女廢朕命乱我法罪致不赦三戒然後及論三戒之後乱法者則有司課其罪王親受而考之然後論成

凡十一章自王曰太師以上五章舊別之

諸侯遷廟第七十二

成廟授遷之新廟君前徙三日齋祝宗人及從者皆齋謂親過高祖則毀廟以昭穆遷之春秋穀梁傳曰作主壞廟有時日於練焉壞廟之道易簷可也改塗可也范甯云納新神故示有知焉鄭玄士虞禮記注曰練而後遷也禮志云遷廟者更釁其廟而移故主焉案此篇成廟之文與穀梁相傳也徙之日君玄服從者皆玄服周禮司服職曰公之服自衮冕而下如王之服侯之服自鷩冕而下如公之服子男之服自毳冕而下如侯伯

自絺下脫孤之服三字男之服重脫卿字
屈狄下脫再命二字
耿當作助
於公下卒字當作弁
即告當作即吉
改禕當作改鞠又六當作又云
由子男當作申子男
元冠當作元冕
注言當作宫

之服自絺冕而下如子男之服男之服大夫之服自玄冕而下如孤之服王藻曰君命屈狄禕衣內司服戰曰辨外內命婦之服鞠衣展衣緣衣素紗其於祭也君與夫人皆申其服祭統曰公袞冕立於阼夫人副禕立於東房是也臣及命婦耿祭於君皆盡其服自祭於家咸降一等陰爵不敢申也雜記曰大夫冕而祭於公卒而祭於已士弁而祭於公冠而祭於已特牲饋食礼曰主婦纚笄宵衣立於房中是也然鄭氏駁公侯使一同玄冕以祭於已非其差也且諸侯專国礼樂車服王命有之何獨抑其服乎王藻曰玄端以祭裨冕以朝孫炎云端當爲冕玄冕祭服之下也其祭先君亦裨冕矣孫說爲合下未即告故畧同爵弁也君命屈狄與再命禕衣者謂其夫爲君則命其妻以屈狄加再等之命則上公夫人乃禕衣孫鄭等改禕衣非也又六一命展衣者此則由子男臣妻之服耳言小国臣妻一命者亦展衣不命者則亦緣衣玄又分公卿大夫及其妻爲三等而升降其服經云孤絺冕卿大夫玄冠何爲易之又命小国之卿及內子更同列国之卿孤絺冕與鞠衣錯易其次尤非宜邪

從至于廟廟殯言群臣

有司其其字當作具

注祝考當作祖考

如朝位列於廟門外如路門之位君入立於阼階下西向有司如朝位立於門內如門外之位宗人擯舉手曰有司其請升君升祝奉幣從在左北面祝主辭故在左神將迁故出在户牖間南面矣再拜興祝聲三曰孝嗣侯某敢以嘉幣告于皇考某侯言嗣以迁代不言國未忍有之也成廟將從敢告卒不奠幣者禮畢矣於此將有事於新廟君及祝再拜興祝曰請導君降立於階下奉衣服者皆奉以從祝不言奉主而稱奉衣服者以毁易祝考誠人神之不忍從祝者祝所以導神也言皆者衣服非一稱周礼守祧職曰掌先王先公之廟祧其遺衣服藏焉奉衣服者降堂君及在位者皆辟也奉衣服者至碑君從有司皆以次從出廟門奉衣服者升車乃步君升車從者皆就車

注使當作便

一本南北下有以字　注四房當作西房在右當在左右

也皆就車謂乘貳車者凡出入門及大溝渠祝下攢神車祝為左故於步下夙則至于新廟筵于户牖間始自外來故先於堂樽於西序下四時之祭在室筵隩中在堂筵序下是以設樽恒於東方今惟布南面之席故置樽於西以因其使矣脯醢陳于房中房四房也諸侯在右房也設洗當東榮南北堂深記因卿當言東士有司皆先入如朝位祝導奉衣服者乃入君從奉衣服者入門左門左門西在位者皆辟也奉衣服者升堂皆反位君從升奠衣服于席上祝奠幣于几東君北向祝在左贊者盥升適房薦脯醢君盥酌奠于薦西反位君及祝再拜興祝聲三曰孝嗣侯某敢用嘉幣告于皇考某侯今月吉日可以從于新廟敢

潔當作絜

注二郊字皆當作廂

注假也當作豭豚

告再拜君就東廂西面祝就西廂東面東西俟也祝就西廂因其便也在位者皆反走辟如食間走疾趨也擯者舉手曰請反位君反位祝從在左卿大夫及衆有司諸在位者皆反位祝聲三曰孝嗣侯某潔爲而明薦之享詩云絜蠲爲饎是用孝享君及祝再拜君反位東郊之位祝徹反位西郊之位擯者曰遷廟事畢請就燕君出廟門卿大夫有司執事者皆出廟門告事畢事謂內主藏衣服斂幣徹几筵之等乃曰擇日而祭焉所以安神

諸侯釁廟第七十三

成廟釁之以羊廟新成而釁者尊而神之祭器名者成則釁之以假也君玄服

注以戴當作小戴

注拭悅當作拭帨

屋下當門此脫門字

立于寢門內南向祝宗人宰夫雍人皆玄服以神事故亦同爵弁以戴君朝服者謂不與也宗人曰請令以釁某廟君曰諾遂入雍人拭羊拭悅乃行入廟門碑南北面東上居上者宰夫也宰夫攝主也雍人舉羊升屋自中中屋南面刲羊血流于前乃降門以雞有司當門北面有司宰夫祝宗人也雍人割雞屋下當郏室割雞於室中有司亦北面也郏室門郏之室一曰東西廂也釁東西室有司猶北面統於廟也雜記曰雍人夲羊升屋自中中屋南向刲羊血流於前乃降門郏室皆用雞先門而後郏室其衈皆於屋下割雞當門郏室中屋有司皆卽室而立門則有司當門北面案小戴割雞亦於屋上記者不同耳此不言衈畧也既事宗人告事畢皆退反命于君君寢門中南向宗人曰釁某廟事畢君曰諾

宴當作燕

宗人請就宴君揖之乃退

大戴禮記卷第十

注孝當作季

注至字當作志

大戴禮記卷第十一

小辨第七十四

公曰寡人欲學小辨以觀於政其可乎小辨爲小辨給也子曰否不可社稷之主愛日曾子曰君子愛日以學書云日夜不遑也曰不可得學不可輕有所學不可以辨是故昔者先王學齊大道以觀於政天子學樂辨風別四方之風也制禮以行政政禁令也諸侯學禮辨官政以行事以尊事天子官政不錯則百事不孳也大夫學德別義別猶辨也矜行以事君矜猶厲也士學順學順成之道辨言以遂志致命遂至士之節也庶人聽長辨禁農以行力辨禁識刑憲也如此猶恐不濟奈何其小辨乎公曰不辨則

之若當作不若

何以爲政子曰辨而不小夫小辨破言小言破義小義破道道小不通通道必簡（簡約也言約而有統易曰乾以易知神以簡能）是故循弦以觀於樂足以辨風矣爾雅以觀於古足以辨言矣（迩近也謂依於雅頌孔子曰詩可以言可以怨迩之事父遠之事君多識鳥獸草木之名也）傳言以象反舌皆至可謂簡矣夫道不簡則不行不行則不樂（易曰簡則易從易從則有功有功則可大可大則賢人之業）夫亦固十棊之變由不可既也而況天下之言乎（公於十棊之中變數尚不可盡天下之言其可窮乎故至道以不言為辨）曰微子之言吾壹樂辨言子曰辨言之樂之若治政之樂辨言之樂不下席治政之樂皇於四海夫政善則民說民說則歸之如

流水親之如父母諸侯初入而後臣之安用辨言公曰然則吾何學而可子曰禮樂而力忠信其君其習可乎公曰多與我言忠信而不可以入患（備與我言忠信而使不入於患）子曰毋乃既明忠信之備而口倦其君則不可而有（謂言而不行）明忠信之備而又能行之則可立待也君朝而行忠信百官承事忠滿於中而發於外刑於民而放於四海天下其孰能患之（言所推無不准）公曰請學忠信之備子曰惟社稷之主實知忠信若丘也綴學之徒安知忠信公曰非吾子問之而焉也（焉問之乎）子三辟將對公曰彊避（謂避彊也一曰公以夫子三辟欲避左右之彊者也）子曰彊

外知一作知外

畢必當作畢心 一本作參意曰知德德以柔政此脫一德字

侍丘聞大道不隱〔言不可隱蔽也〕丘言之君發之於朝行之於國一國之人莫不知何一之彊辟丘聞之忠有九知知忠必知中〔能內思自盡也〕知中必知恕〔能自盡知故能知人〕知恕必知外〔內恕故外能絜於度物也〕外知必知德知德必知政知政必知官知官必知事知事必知患知患必知備若動而無備患而弗知死亡而弗知安與知忠信內思畢必曰知中中以應實曰知恕內恕外度曰知外外內參意曰知德德以柔政曰知政政正義辨方曰知官官治物則曰知事事戒不虞曰知備毋患曰樂樂義曰終〔於知事而越言知備者因義言之足明於上也〕

注壞玉一作攘土

用兵第七十五

公曰用兵者其由不祥乎（祥善）子曰胡爲不祥也聖人之用兵也以禁殘止暴於天下也（言非利金壞玉将以存亡繼絶平天下之亂也）及後世貪者之用兵也以刈百姓危國家也（刈翦）公曰古之戎兵何世安起子曰傷害之生久矣與民皆生（人合五常之氣生有喜則和親怒則離害其相害者皆曰兵也）公曰蚩尤作兵與子曰否蚩尤庶人之貪者也（云蚩尤古之諸侯或妄耳一曰衆人之貪者也）及利無義不顧厥親以喪厥身蚩尤惽慾而無厭者也何器之能作蜂蠆挾螫（云如蜂蠆之挾毒也）而生見害（謂黄帝殺之於涿鹿之野）而校以衛厥身者也（止教習干戈自衛身非作者也）人生

注祓當作莪

注言用當作点同一章當作二章

憂當作夏

有喜怒故兵之作與民皆生聖人利用而彌之亂人興之喪厥身詩云魚在在藻厥志在餌（由心在於利用兵以取危蓋逸詩也）鮮民之生矣不如死之久矣（小雅蓼祓之三章也亦困於兵革之詩也）校德不塞嗣武孫武子（言用上一章但用兵革喪除其德不以塞亂而徙傳續武事於子孫者也）聖人愛百姓而憂海內及後世之人思其德必稱其仁故今之道堯舜禹湯文武者猶威致王今若存夫民思其德必稱其人朝夕祝之升聞皇天上神歆焉故永其世而豐其年也憂桀商紂贏暴於天下暴極不辜殺戮無罪（詩云無罪無辜亂如此憮）不祥于天粒食之民布散厥親（雖諸夏能相養）踈遠國老幼色是與（言踈遠老

注射當作財
注以序下脫事字
注告字當作朔
注無禮下脫無字
北周當作此周
北朝當作此朝
西夷當作四夷

成而與幼色者若楚恭王遂中叔時而用子反也而暴慢是親讒貸處穀千乘曰以射投長曰貸穀祿也法言法行處辟辟罪辟也殀替天道逆乱四時禮樂不行而幼風是御任童幼之人使專政曆失制君臣昏乱時侯錯緒攝提失方攝提左右六星與斗應相直恒指中氣尚書中候曰攝提移居鄒大無紀那當字誤為鄒或深声為鄒也不告朔於諸侯周礼太師職曰正歲年以序頒之于官府及都鄙頒告于邦国也玉瑞不行王者所以等神祇別人事其用重焉諸侯力政不朝於天子言以威力侵爭周書力致則無讓無讓則無礼礼雖得所好民皆樂之乎六蠻四夷交伐於中國周礼戠方氏四夷八蛮七閩九貉五戎六狄北周所伏四海其種落之数也明堂位曰九夷八蛮六戎五狄北朝明堂時来者数国也尔雅曰九夷八狄七戎六蛮其夏之所伏與殷之夷国東方十南方六西方九北方十有三然鄭玄以西夷為四方九貉為九夷又引

注闓當作闕

爾雅其数不同及六四文闓而不定是終使學者疑於所聞也於是降之灾水旱臻焉霜雪大滿甘露不降百草殤黃五穀不升民多夭疾六畜餅背瘁當字誤餅也瘁病也背瘦也此大上之不論不議也帝皇之世無灾疫故百姓不議殀傷廞身失墜天下夫天下之報殃於無德者必與其民故書曰天明威自我民明威也公懼焉曰在民上者可以無懼乎哉

少間第七十六

公曰今日少間我請言情於子子愀焉變色遷席而辭曰君不可以言情於臣臣請言情於君君則不可公曰師之而不言情焉其私不同言已師礼事夫子故不使言情也其

一本作君而言情於臣不字衍

私人不同於此也子曰否臣事君而不言情於君則不臣君而不言情於臣則不君有臣而不臣猶可有君而不君民無所錯手足公曰吾度其上下咸通之使上下皆達也權其輕重居之謂事後及刑罰准民之色目既見之鼓民之聲耳既聞之動民之德心既和之通民之欲兼而壹之言皆稱百姓之欲也愛民親賢而教不能民庶說乎子曰說則說矣可以為家不可以為國公曰可以為家胡為不可以為國國之民家之民也子曰國之民誠家之民也然其名異不可同也同名同食曰同等名位不同礼亦異數唯不同等民以知極周礼大司徒職曰以儀辨等則民不越也故天子

昭有神於天地之間以示威於天下也（祭法曰有天下者事百神）諸侯脩禮於封内以事天子大夫脩官守職以事其君士脩四衛執技論力以聽乎大夫（四衛四方之戰曲礼曰地廣大荒而不治此亦士之辱也）庶人仰視天文俯視地理力時使以聽乎父母（孝經曰用天之道分地之利謹身節用以養父母此庶人之孝者也）此惟不同等民以可治也公曰善哉上與下不同乎子曰將以時同時不同（言有可同不可同也）上謂之閑下謂之多疾（不正之政）（君謂閑民謂之多疾同所惡也）君時同於民布政也（施善政也）民時同於君服聽也上下相報而終於施（施恩施也）大猶已成發其小者遠猶已成發其近者（遠大之謀緣近小治）將行重器先其

注待當作持
於當作諭

民狀疑作以
狀

輕者（將待重器必先効輕者亦以於政也）先清而後濁者天地也（清濁謂陰陽也）天政曰正地政曰生人政曰辨（辨別）苟本正則華英必得其節以秀孚矣（言專陽則正華英也得陰陽之孚秀也）此官民之道也（官人當取終始）公曰善哉請少復進焉子曰昔堯取人民狀（觀其容狀施發）舜取人以色禹取人以言湯取人以聲文王取人以度（觀其志度）此四代五王之取人以治天下如此（四代據文距殷或曰文王取人以度四代謂兼之也）公曰嘻善之不同也（嘻歟唶之声公謂五王取人德有不同也）子曰何謂其不同也公曰同乎子曰同公曰人狀可知乎（問四代以人狀得善之事）子曰不可知也公曰五王取人各有以舉之胡為人之不可知也

正文能字當連注傳聞而已作句

注桀當作成

注又加當作文嘉

注廟不當作廟下

子曰五王取人比而視相而望五王取人各以已焉是以同狀聖王通而虛已故於求人雖言色不同而善惡無異公曰以子相人何如子曰否丘則不能五王取人言不能如五王丘也傳聞之以委於君丘則否能傳聞而已不能如也亦又不能又不能備問也公曰我聞子之言始蒙矣自言蒙乱子曰由君居之成於純胡為其蒙也由用也言能居之則桀紂何為其蒙也雖古之治天下者豈生於異州哉昔虞舜以天德嗣堯凡質以天德文以地德礼緯含又加曰殷授天而王周據地而王也布功散德制禮朔方幽都來服南撫交趾出入日月莫不率俾俾使西王母來獻其白琯粒食之民昭然明視西王母神也其狀如人琯所以侯氣漢明帝時於舜廟不

注地名下數句多訛字別本作其人迅走若鹿周武王時肅慎貢楛矢文麈渠搜貢虛犬氐羌貢鸞鳥也

宫下脫室字

注汙深也深當作窪

得玉珩一枚也民明教通于四海民明教於夷夏同風海外肅慎北發渠搜氐羌來服北發北狄地名其地土迅足麈周武王貢楛失文麈渠搜貢虛犬氐羌貢鸞鳥也舜有禹代興禹卒受命乃遷邑姚姓于陳迁邑姚姓于陳謂改封虞氏之後于陳因使氏焉春秋左傳曰胙之以土命之氏作物配天脩德使力民明教通于四海海之外肅慎北發渠搜氐羌來服禹崩十有七世乃有末孫桀即位桀不率先王之明德乃荒躭于酒淫泆于樂德昏政乱作宫髙臺淮南子云桀為琁宫瑶臺象筯玉盃也汙池土察汙深也察深也言洞地為池也以民爲虐逞其濫酷粒食之民惛焉幾亡乃有商履代興履湯名論語曰履敢用玄牡王侯世家曰湯名天乙白虎通曰湯王之後更定名為子孫法本名履也商履

注夏官當作夏宮

互羌 互當作氐

循禮法以觀天子天子不說則嫌於死成湯怒至於乱成湯卒受天命不忍天下粒食之民刈戮不得以疾死故乃放移夏桀散亡其佐伐之於南巢放之於夏官而去其臣佐乃遷姒姓于杞封夏后氏之後於杞亦命氏焉發厥明德順民天心嗇地作物配天制典慈民發其明德而順天之心嗇收也咸合諸侯作八政命於總章入政洪範所云是也總章重屋之西堂於此命事取万物之成功也服禹功副于天粒食之民昭然明視民明教通外肅慎北發渠搜互羌来服成湯卒崩殷德小破二十有二世乃有武丁即位開先祖之府取其明法以為君臣上下之節殷民更眩近者說遠

注地名下數句多訛字别本作其人迅走若鹿周武王時肅慎貢楛矢文麈渠搜貢虘犬氐羌貢鸞鳥也

宮下脫室字

注汙深也深當作窪

得玉琯一枚也民明教通于四海民明敎於夷夏同風海外肅慎北發渠搜氐羌來服北發北狄地名其地土迅足麈周武王貢楛失文塵渠搜貢虘犬氐羌貢鸞鳥也舜有禹代興禹卒受命乃遷邑姚姓于陳迁邑姚姓于陳謂陂封虞氏之後于陳因使氏焉春秋左傳曰所之以土命之氏作物配天脩德使力民明教通于四海海之外肅慎北發渠搜氐羌來服禹崩十有七世乃有末孫桀即位桀不率先王之明德乃荒躭于酒滛泆于樂德昏政乱作宮高臺淮南子云桀為琁宮瑤臺象筯玉盃也汙池土察汙深也察深也言洞地為池也以民為虐逞其濫酷粒食之民惛焉幾亡乃有商履代興履湯名論語曰履敢用玄牡王侯世家曰湯名天乙白虎通曰湯王之後更定名為子孫法本名履也商履

注夏官當作夏
宮

循禮法以觀天子天子不說則嫌於死成湯怒至於亂成湯卒受天命不忍天下粒食之民刈戮不得以疾死故乃放移夏桀散亡其佐伐之於南巢放之於夏官而去其臣佐乃遷姒姓于杞封夏后氏之後於杞亦命氏焉發厥明德順民天心嗇地作物配天制典慈民發其明德而順天之心嗇收也咸合諸侯作八政命於總章入政洪範所云是也總章重屋之西堂於此命事取万物之成功也服禹功以脩舜緒爲副于天粒食之民昭然明視民明教通于四海海之外肅慎北發渠搜互羌來服成湯卒崩殷德小破二十有二世乃有武丁即位開先祖之府取其明法以爲君臣上下之節殷民更眩近者說遠

注時當作孫

注官鹿當作宮鹿

注各當作客

者至粒食之民昭然明視武丁小乙之子盤庚之時有雉雊之變懼而脩德重與殷道號爲高宗武丁年崩殷德大破九世乃有末孫紂即位紂不率先王之明德乃上祖夏桀行荒躭于酒淫泆於樂德昏政乱作宮室高臺謂傾官鹿臺之等也汙池土察以爲民虐粒食之民忽然幾亡乃有周昌霸諸侯以佐之紂不說諸侯之聽於周昌則嫌於死乃退伐崇許魏以客事天子許魏不在五代甚時小代也各事天子謂忍而臣之也文王卒受民命作物配天制無用行三明親親尚賢民明時之外爾慎比發渠搜互羌來服君其一也君哀公也言今周衰之甚有流之者將至也公曰大哉

互當作氐
八支九行

注蘩當作繁

注及相生此脫生字

閒觀一作觀閒

子之教我政也列五王之德煩煩如繁諸乎（煩衆也如繁者言如万物之蘩蕪也）子曰君無譽臣臣之言未盡請盡臣之言君如財之曰於此有功匠焉（王非獨善言有師保）有利器焉（言有先王之礼度也）有措扶焉（謂股肱之良也）以時令其藏必周密發如用之（易曰藏器於身待時而發）可以知古可以察今可以事親可以事君可用于生又用之死吉凶並興禍福相生（言戒其並與及相之義老子曰禍兮福所倚福兮禍所伏也）卒反生福大德配天（終為福德以配於天）公愀然其色（變容色也）曰難立哉子曰臣願君之立知如以閒觀也（觀君博聞以立知焉）時天之氣用地之財以生殺於民民之死不可以教（謂辜極可以苟免也）公曰我行之

注時當作孫

注官鹿當作宮鹿

注各當作客

者至粒食之民昭然明視武丁小乙之子盤庚之時有雉雊之变懼而脩德重興殷道号爲高宗武丁年崩殷德大破九世乃有末孫紂即位紂不率先王之明德乃上祖夏桀行荒躭于酒滛泆於樂德昬政乱作宮室髙臺謂傾官鹿臺之等也汙池土察以爲民匽粒食之民忽然幾亡乃有周昌霸諸侯以佐之紂不說諸侯之聽於周昌則嫌於死乃退伐崇許魏以容事天子許魏不在五代昔時小代也各事天子謂忍而臣之也文王卒受天命作物配天制無用行三明親親尚賢民明教通于四海海之外爾慎比發渠搜互羌來服君其志焉或傒將至也君哀公也言今周衰之甚有流之者將至也公曰大哉

注蘩當作繁

注及相生此脫生字

閒觀一作觀閒

子之教我政也列五王之彼頌頌如繁諸乎頌衆也如繁者言如万物之蘩蕪也子曰君無譽臣臣之言未盡請盡臣之言君如財之曰於此有功匠焉王非獨善言有師保有利器焉言有先王之礼度也有措扶焉謂股肱之良也以時令其藏必周密發如用之易曰藏器於身待時而發可以知古可以察今可以事親可以事君可用于生又用之死吉凶並興禍福相生言戒其並興及相之義老子曰禍兮福所倚福兮禍所伏也卒反生福大德配天終為福德以配於天公愀然其色變容色也曰難立哉子曰臣願君之立知如以閒觀也觀君博閒以立知焉時天之氣用地之財以生殺於民民之死不可以教謂辜極可以苟免也公曰我行之

君曰不足下疑有脫簡注亦有訛字

未當作末

君曰不足下似有脫句當[illegible]作臣則曰足句文義[illegible]相合九百二十八

其可乎子曰唯此在君（言行此在君也）君曰足臣恐其不足（未足而君謂足則臣恐未足告以不足也）君曰不足（實足可行而君曰不足則臣去足可謂可否也）舉其前必舉其後舉其左必舉其右君既數矣安能無善（君道之則民應以善）公吁焉其色曰大哉子之教我制也政之豐也如未之成也子曰君知未成言未盡也[illegible]焉則枝葉必徧枯（敗當字誤爲皷）徧枯是爲不[illegible]以爲本上失政大及小人畜穀（穀敗失則傷及）[illegible]政若若夏商之謂乎子曰否若夏商者天奪之魄不生德焉（言天地絕夏商之余民乃與周之續春秋左氏傳天奪其魄有生之魄）公曰然則何以謂失政子曰所謂失政者彊

蔞未蘤言疆域與草木皆未易於常也人民未變鬼神未亡民神猶依附之水土未絪絪猶乱韡詩外傳曰陰𢇁相勝氣祲細氳也糟者猶糟實者猶實糟以諭惡實以諭善亦言善惡之物仍錯乱也玉者猶玉王者諭善人言尚賢其賢血者猶血酒者猶酒血憂色也酒以諭樂猶憂其可憂而樂其所樂優以繼愖政出自家門此之謂失政也愖猶忍也言天下安然人物不乱方優佚樂繼之出其忍政也非天是反人是反臣故曰君無言情於臣君無假人器君無假人名春秋左傳曰唯器與名不可以假人者也公曰善哉

大戴禮記卷第十一

君曰不足下疑有脫簡注亦有訛字

末當作木

其可乎子曰唯此在君言行此在君也君曰足臣恐其不足未足而君謂足則臣恐未足告以不足也君曰不足實足可行而君曰不足則臣去足可謂可否也舉其前必舉其後舉其左必舉其右君既教矣安能無善君道之則民應以善公吁焉其色曰大哉子之教我制也政之豐也如末之成也子曰君知未成言未盡也凡草木根鞁傷則枝葉必偏枯敗當字誤為鞁偏枯是為不實穀亦如之民以為君為本上失政大及小人畜穀穀敗失則傷及人物公曰所謂失政者若夏商之謂乎子曰否若夏商者天奪之魄不生德焉言天地絶夏商之余民乃只周之續春秋左氏傳天奪其魄有生之魄公曰然則何以謂失政子曰所謂失政者彊

蔓未虧（言疆域與草木皆未易於常也）人民未變鬼神未亡（民神猶依附之）水土未絪（絪猶乱韓詩外傳曰陰陽相勝氣侵絪氳也）糟者猶糟實者猶實（糟以諭惡實以諭善亦言善惡之物仍醬乱也）玉者猶玉（玉者諭善人言尚賢其賢）血者猶血酒者猶酒（血憂色也酒以諭樂猶憂其可憂而樂其所樂）優以繼慍（慍猶忍也言天下安然人物不乱方優佚樂繼之出其忍政也）政出自家門此之謂失政也非天是反人是反臣故曰君無言情於臣君無假人器君無假人名（春秋左傳曰唯器與名不可以假人者也）公曰善哉

大戴禮記卷第十一

文有複重

大戴禮記卷第十二

朝事第七十七

古者聖王明義以別貴賤以序尊卑以體上下然後民知尊君敬上而忠順之行備矣是故古者天子之官有典命官掌諸侯之儀大行人掌諸侯之儀以等其爵故貴賤有別尊卑有序上下有差也典命諸侯之五儀諸臣之五等以定其爵故貴賤有別尊卑有序上下有差也命上公九卿為伯其國家宮室車旗衣服禮儀皆以九為節諸侯諸伯七命其國家宮室車旗衣服禮儀皆以七為節子男五命其國家宮室

二當作三

行其賓主當作待其賓客

車旗衣服禮儀皆以五爲節王之三公八命其卿六命其大夫四命及其封也皆加一等其國家宮室車旗衣服禮儀亦如之凡諸侯之適子省於天子攝君則下其君之禮一等未省則以皮帛繼子男公之孤四命以皮帛視小國之君其卿二命其大夫再命士一命其宮室車旗衣服禮儀各視其命之數侯伯之卿大夫士亦如之子男之卿再命其大夫一命其士不命其宮室車旗衣服禮儀各如其命之數禮大行人以九儀别諸侯之命等諸臣之爵以同域國之禮而行其賓主上公之禮執桓圭九寸繅藉九寸冕服

帛皮當作皮帛

九章建常九旒樊纓九就弍車九乘介九人禮九牢其朝位賓主之間九十步饗禮九獻食禮九舉諸侯之禮執信圭七寸繅藉七寸冕服七章建常七旒樊纓七就弍車七乘介七人禮七牢其朝位賓主之間七十步饗禮七獻食禮七舉諸伯執躬圭其他皆如諸侯之禮諸子執穀璧五寸繅藉五寸冕服五章建常五旒樊纓五就貳車五乘介五人禮五牢其朝位賓主之間五十步饗禮五獻食禮五舉諸男執蒲璧其他皆如諸子之禮凡大國之孤執帛皮以繼小國之君諸侯之卿禮各下其君二等以下及大夫士皆

如之天子之所以明章著此義者以朝聘之禮是故千里之內歲一見千里之外千五百里之內二歲一見千五百里之外二千里之內三歲一見二千里之外二千五百里之內四歲一見二千五百里之外三千里之內五歲一見三千里之外三千五百里之內六歲一見各執其圭瑞服其服乘其輅建其旌旂施其樊纓從其貳車委積之以其牢禮之數所以明別義也然後天子冕而執鎮圭尺有二寸藻藉尺有二寸搢大圭乘大輅建大常十有二旒樊纓十有再就貳車十有二乘率諸侯而朝日東郊所以教尊尊也

諸男之國上脫諸子之國門東北面東上句公於上等下脫侯伯於中等子男於下等二句

退而朝諸侯爲壇三成宮旁一門天子南鄉見諸侯土揖庶姓時揖異姓天揖同姓所以別親踈外內也公侯伯子男各以其旂就其位諸公之國中階之前北面東上諸侯之國東階之東西面北上諸伯之國西階之西東面北上諸男之國門西北面東上及其將幣也公於上等所以別貴賤序尊卑也奠圭降拜升成拜明臣禮也奉國地所出重物而獻之明臣職也肉袒入門而右以聽事也明臣禮職臣事所以教臣也率而祀天於南郊配以先祖所以教民報德不忘本也率而享祀於太廟所以教孝也與之大射以

兩謂之當
作爲之

考其習禮樂而觀其德行與之圖事以觀其能儐而禮之三饗三食三宴以與之習立禮樂是故一朝而近者三年遠者六年有德焉禮樂謂之益習德行謂之益脩天子之命爲之益行然後使諸侯世相朝交歲相問殷相聘以習禮考義正刑一德以崇天子故曰朝聘之禮者所以正君臣之義也諸侯相朝之禮各執其圭瑞服其服乘其輅建其旌旂施其樊纓從其貳車委積之以其牢禮之數所以別義也介紹而相見君子於其所尊不敢質敬之至也君使大夫迎于境卿勞于道君親郊勞致館及將幣拜迎於大門

門字上脫廟字

外而廟受北面拜貺所以致敬也三讓而後升所以致尊讓也敬讓也者君子之所以相接也諸侯相接以敬讓則不相侵陵也此天子之所以養諸侯兵不用而諸侯自爲正之具也君親致雍既還圭饗食致贈郊送所以相與習禮樂也諸侯相與習禮樂則德行脩而不流也故天子制之而諸侯務焉聘禮上公七介侯伯五介子男三介所以明貴賤也介紹而傳命君子於其所尊不敢質敬之至也三讓而後傳命三讓而後入門三揖而後至階三讓而後升所以致尊讓也君使士迎于境大夫郊勞君親拜迎大門之

受當作廟受　拜君下脫命字

承擯下應有士爲紹擯句　醴賓下脫賓私面三字　既即餼衍一字

五積當作三積

內而朝受北面拜既拜君之辱所以致敬讓也致敬讓者君子之所以相接也故諸侯相接以敬讓則不相侵陵也卿為上擯大夫為承擯君親醴賓私覿致饔餼既還圭璋賄贈饗食燕所以明賓主君臣之義也故天子之制諸侯交歲相問殷相聘相厲以禮使者聘而誤主君不親饗食所以恥厲之也諸侯相厲以禮則外不相侵內不相陵此天子所以養諸侯兵不用而諸侯自為正之具也以圭璋聘重禮也已聘而還圭璋輕財重禮之義也諸侯相厲以輕財重禮則作讓矣主國待客出入五積既客於舍五牢之具

秋覲下脱以字冬遇下亦脱以字

教當作交

陳於內米三十車禾三十車芻薪倍禾皆陳於外乘禽日五雙羣介皆餼牢壹食再饗宴與時賜無數所以厚重禮也古之用財不能均如此然時用財如此其厚者言盡之於禮也盡之於禮則內君臣不相陵而外不相侵故天子制之而諸侯務焉古者大行人掌大賓之禮及大客之義以親諸侯春朝諸侯而圖天下之事秋覲比邦國之功夏宗以陳天下之謨冬遇協諸侯之慮時會以發四方之禁殷同以施天下之政時聘以結諸侯之好殷覜以成邦國之貳問問以諭諸侯之志歸脤以教諸侯之福賀慶以贊諸侯

在當作存計當作叶
建瑞節建當作達　同度

及其下脫萬民之三字
勃一作悖
禮俗政事當作札喪凶荒厄

之喜致會以補諸侯之災天子之所撫諸侯者歲徧
在三歲徧眺五歲徧省七歲屬象胥諭言語計辭令
九歲屬瞽史諭書名聽音聲十有一歲建瑞節同度
量成牢禮同數器脩法則十有二歲天子巡狩殷國
是故諸侯上不敢侵陵下不敢暴小民然後諸侯之
國札喪則令賻補之凶荒則令賙委之師役則令槁
禬之有福事則令慶賀之有禍災則令哀弔之凡此
五物者治其事故及其利害為一書其禮俗政事教
治刑禁之逆順為一書其勃逆暴乱作慝犯令者
為一書其禮俗政事貧為一書其康樂和親安平為

掌交說下
脫之字

一書凡此五物者每國別異之天子以周知天下之政是故諸侯附於德服於義則天下太平古者天子爲諸侯不行禮義不脩法度不附於德不服於義故使射人以射禮選其德行職方氏大行人以其治國選其能功諸侯之得失治乱定然後明九命之賞以勸之明九伐之法以震威之尚猶有不附於德不服於義者則使掌交說故諸侯莫不附於德服於義者此天子之所以養諸侯兵不用而諸侯自爲政之法也

投壺第七十八

以拜以當作已進則作進即追反作退反

北投當作比投

投壺之禮主人奉矢司射奉中使人執壺主人請曰某有枉矢哨壺請樂賓賓曰子有旨酒嘉肴又重以樂敢辭主人曰枉矢哨壺不足辭也敢以請賓曰某賜旨酒嘉肴又重以樂敢固辭主人曰枉矢哨壺不足辭也敢固以請賓對曰某固辭不得命敢不敬從賓再拜受主人般還曰避主人阼階上再拜送賓般還曰避以拜受矢進則兩楹閒追反位揖賓就筵司射進度壺反位設中執八筭請于賓曰奏投壺之令曰順投爲入比投不釋筭勝飲不勝正爵既行請爲勝者立馬三馬既立慶多馬請主人亦如之命弦者

曰當作焉
兩卒字當作卒
以竒筭當作以其筭
諸當作請
以酌當作已酌

曰請奏貍首間若一太師曰諾左右告矢具請拾投
投入者則司射坐而釋一筭曰賓黨於右主黨於左
卒投司射執餘筭曰右左卒投請數二筭爲純一純
以取一筭爲竒有勝則司射以竒筭告曰某黨賢於
某黨賢若干純竒則曰竒鈞則曰左右鈞舉手曰諸
勝者之弟子爲不勝者酌酌者曰諾以酌皆請舉酒
當飲皆跪奉觶曰賜灌勝者跪曰敬養司正曰正爵
既行請爲勝者立馬馬各直其筭上一馬從二馬以慶
慶禮曰三馬既立請慶多馬賓主人皆曰諾正爵既
行請徹馬周則復始既筭筭多少視其坐矢八分堂

二矢半下脫矢字

文有訛誤

干侯一作大侯 注壺高二句一本作正文

案壺脰脩七寸以下二十四

上七扶堂中五扶庭下九扶筭長尺二寸堂下司正司射庭長及冠士立者皆屬賓黨樂人及童子使者皆屬主黨降揖其阼階及樂事皆與射同節壺中置小豆爲其矢躍而去也壺去席二矢半以柘若棘無去其皮大七分曾孫侯氏今曰奉射于一張佐參之曰今曰奉射四正具舉大夫君子凡以庶士小大莫處御于君所以燕以射則燕則譽質參既設執旌既載干侯既亢中獲既置壺脰脩七寸口徑二寸半壺高尺二寸受斗五升壺腹脩五寸

鞁親當作敢
徧當作偏

字當置在曾孫侯氏之前

御車一作獲者

引既平張四侯且良决拾有常既順乃讓乃揖乃讓乃隮其堂乃節其行既志乃張射夫命射射者之聲御車之旌既獲卒莫凡雅二十六篇其八篇可歌歌鹿鳴貍首鵲巢采蘩采蘋伐檀白駒騶虞八篇廢不可歌七篇商齊可歌也三篇間歌史辟史義史見史童史謗史賓拾聲叡挾魯命弟子辥曰無荒無傲無倨立無踰言若是者有常爵嗟爾不寧侯爲爾不朝于王所故亢而射女強食食爾曾孫侯氏百福

大戴禮記卷第十二

符當作冠
立於席下脫
北字　注阼
當作階
注忠當作終
正文其餘皆下
脫與字　注作
當是阼
注達官當作
達冠

必從向注字
多誤當作韠
從裳色皆素也

大戴禮記卷第十三

公符第七十九

公符自為主迎賓揖升自阼立于席入堂深異於上既醴降自阼君尊故其降也不使就賓阼也其餘自為主者其降也自西階以異不敢忠於正其餘皆公同也為迎賓升作之等公玄端與皮弁皆韠玄端緇布冠及玄冠之服也玉藻曰始冠緇布之冠自諸侯達官而弊之可二服皆韠也古者田狩而食其肉衣其皮先以兩皮如韠以蔽其前後及後世聖人易之以布帛猶存其蔽前示不忘古尊祭服異其名曰韠其制上廣一尺下廣二尺長三尺其頸五寸肩博二寸朝服素韠玄端諸侯之服皮弁天子朝服必從色色皆表也公冠四加玄冕四當為三玄當為袞字之誤饗之以三獻之禮饗賓也上於賓以一獻之礼也無介冠於饗而贊者退為

注之冠時當作冠之時 其慶也一本作其慶也同 天當作太 注王當作主 注爲當作焉 注完左一作當左 注不遠當作不達 一本近於民句下有注云視民如子遠於年句下無注當於時句下注云及時而施與此異

衆賓者君礼於臣本無介也無樂亦饗時也冠者成人代父始宜盡孝子之感不可以歡樂取之孔子曰娶婦三日不奉樂思嗣親然則冠礼一奉樂可也春秋左氏傳曰以金石之樂節之謂之冠時爲節也皆玄端君臣同服其醻幣朱錦采四馬其慶也其慶賓也如是天子儗焉儗公礼也太子與庶子其冠皆自爲主王侯自主之重言太子誤也家語曰王太子庶子之冠儗爲非也其禮與士同其饗賓也皆同士冠礼記曰天子之元子猶士也天下無生而貴者也成王冠周公使祝雍祝王雍太祝定左與王爲祝辞於冠告焉曰達而勿多也辞多則史少則不遠祝雍曰使王近於民遠於年少則視民不達而嗇於時惠於財及時而施親賢使能陛下離顯先帝之光耀離明也以承皇天嘉禄欽順仲夏之吉日古者冠以仲春遵並大道邠或邠或

注或當作彧

注凡一百三字疑有誤

當爲券或声字之誤也秉集萬福之休靈始加昭明之元服推遠稚免之幼志免猶弱也崇積文武之寵德文章帝武皇帝肅勤高祖清廟高祖高皇帝也六合之内靡不息陛下永永與天無極凡一百

孝昭冠辭漢孝昭帝冠辭皇皇上天照臨下土集地之靈降甘風雨禮運曰地秉陰竅於山川庶物群生各得其所靡今靡古言覆施均維予一人某敬拜皇天之祐古祝辭則云嗣王其或曰一人某王者親告之辭也薄薄之土承天之神薄薄旁薄也易曰乃順承天也興甘風雨庶卉百穀莫不茂者既安且寧維予一人其敬拜下土之靈維某年某月上日年謂太歲所在月正月也其天地祝辭皆尔省文故曰下明之也明光于上下勤施于四方旁作

穆穆惟予一人某敬拜迎于郊以正月朔日迎日於東郊古者帝王以正月朝聘率有司迎日于東郊東郊也所以為万品先而尊事天也

本命第八十

分於道謂之命道為实化自然之道也人資始焉或分得其長分得其短其中脩促謂之命也孔子曰死生有命形於一謂之性形法象也凡人禀於木則象之以仁受於金則以義孔子曰天命之謂性性者資於未生之前發於既生之後原其所故於此言之化於陰陽象形而發謂之生象微昧易曰男女構精万物化生也化窮數盡謂之死化窮者身也數盡者年也故命者性之終也命初分於道則是生之始也分道則脩短已定故為生之終是以始未卒也則必有終矣人生而不具者五目無見不能食不能行不能言不能化三月而徹眗

眴睛也轉視皃徹或為微也然後能有見八月生齒然後食朞而生臏然後能行三年瞦合然後能言三月万物一成期年天道一備三年而天道大成故因之以变化也十有六情通然後能化陰窮反陽陽窮反陰夏至陽往陰動冬至陰消陽息辰故陰以陽化陽以陰變故男以八月而生齒八歲而毀齒一陰一陽然後成道易曰一陰一陽之謂道也二八十六然後情通然後其施行施道行道女七月生齒七歲而毀二七十四然後其化成化道成陽施而陰化亦天地之道也合於三也小節也男女合於三十中古男三十而娶女二十而嫁合於五也中節也合於五十太古男五十而室女三十而嫁偹於三五合於八八也偹三五十

注二十一作三十
剛當作綱

合於八十也不言大節省文案周礼媒氏職曰令男三十而娶女二十而嫁内則曰二十而冠三十而有室十五笄二十而嫁尚書大傳曰男三十而娶女二十而嫁書曰有鰥在下曰虞舜喪服爲夫之姑姊妹之長殤然則古者皆以二十三十爲婚姻之年十六十四爲嫁娶之期今有二十五十創非也故譙周云師言此說近漢初學者所續焉八者維剛也天地以發明故聖人以合陰陽之數也八爲方維八卦之數也天地以之明聖人以之合陰陽九六大行之數也禮義者恩之主也冠婚朝聘喪祭賓主鄉飲酒軍旅此之謂九禮也君臣冠婚朝聘五也喪祭七也鄉飲賓主八也軍旅九也禮經三百礼經統於心也威儀三千曲礼也行於皃也机其文之變也机危也謂二礼動行九事皆有其文每変不同也其文變也禮之象五行也其義四時也象五行謂內外爵與五服義宜也故以四舉有恩有義有節

以治之也當作以一治之也

淨一本作事下句扶當作杖

有權恩厚者其服重故爲父斬衰三年以恩制者門内之治恩揜義門外之治義斷恩資於事父以事君而敬同貴貴尊尊義之大者也故爲君亦服斬衰三年以義制者也貴貴謂爲大夫君尊尊謂爲天子諸侯也三日而食食食粥也三月而沐將虞時朞而練毁不滅性不以死傷生喪不過三年苴衰不補異於吉無飾也墳墓不坯同於丘陵除之日鼓素琴漸有終因省哀示民有終也以節制者也資於事父以事母而愛同天無二日國無二君家無二尊以治之也父在爲母齊衰朞見無二尊也百官備百制具不言而淨行者扶而起謂天子諸侯言而後事行者扶

詬當作垢
利當作制
教當作殺下同
子當作地
論當作倫

而起謂士大夫身自執事而後事行者面詬而已謂庶人凡此以權利者也始死三日不怠三月不解朞悲號三年憂恩之教也東夷二連其所不懈不怠者哭不絕声不懈者不脫經帶也聖人因教以制節也爲卒哭祥禫之变男者任也子者孳也男子者言順天子之道如長萬物之義也故謂之丈夫丈者長也夫者扶也言長萬物也知可爲者知不可爲者知可言者知不可言者知可行者知不可行者是故審論而明其別謂之知所以正夫德者女者如也子者孳也女子者言如男子之教而長其義理者也故謂之婦人婦人伏於人也是故無專制之義有三

故令當作教令

婦當作父

婦當作父

從之道在家從父適人從夫夫死從子無所敢自遂也從其教令故令不出閨門事在饋食之間而已矣易曰無由遂在中饋詩云無非無儀惟酒食是議也是故女及日乎閨門之內專其志且遠嫌不百里而犇喪言及日故經成見星事無獨為行無獨成之道參知而後動可驗而後言宵夜行燭宮事必量六畜蕃于宮中謂之信也如此乃為信固也所以正婦德也女有五不取逆家子不取乱家子不取乱淫乱也世有刑人不取世有惡疾不取喪婦長子不取逆家子者為其逆德也乱家子者為其乱人倫也世有刑人者為其棄於人也世有惡疾者為其棄於天也喪婦長子者

爲其無所受命也婦有七去不順父母去無子去淫去妬去有惡疾去多言去竊盜去不順父母去爲其逆德也無子爲其絶世也淫爲其乱族也妬爲其乱家也有惡疾爲其不可與共粢盛也口多言爲其離親詩云婦爲長舌惟厲之階盗竊爲其反義也婦有三不去有所取無所歸不去與更三年喪不去前貧賤後富貴不去大罪有五逆天地者罪及五世欺造次及要君者誣文武者罪及四世非聖人者逆人倫者罪及三世非孝者此皆大乱之道也誣鬼神者罪及二世殺人者罪止一身周書曰大命世小命身故大罪有五殺人爲下

地地當作地二

升當作斗

易本命第八十一

子曰夫易之生人禽獸萬物昆蟲各有以生（易曰渾元之始是曰大易二象之所資万品之所生易曰易有太極是生兩儀兩儀生四象四象生八卦易說卦曰太易者未有是氣也太初者氣之始太素者質之始也礼運曰夫礼必本於太一分而為天地轉而為陰陽变而為四時然礼易之說雖殊而會歸）或奇或偶或飛或行而莫知其情惟達道德者能原本之矣（孔子曰聖人智通於大道應化而不窮能測万品之情也）天一地地人三三三而九九九八十一一主日（天之神日為尊）日數十（甲乙之屬）故人十月而生（万類人為貴也）八九七十二偶以承奇（貴偶用奇）奇主辰（辰方面各三也）辰主月月主馬（月契天駟於上馬統乾於下）故馬十二月而生七九六十三三主升

大三三十九

升當作斗注同又注擇字上脫故字

注有脫誤

生主虎當作星主虎

注止於大當作盡於八

象以日月升主狗升之次以狗擇人也故狗三月而生六九五十四四主時時主豕豕知時詩云有豕白蹢烝涉波矣故豕四月而生五九四十五五主音音主猨故猨五月而生四九三十六六主律律主禽鹿麋鹿角長短大小似律故禽鹿六月而生也麏麋之屬皆以六月生也宋均曰所以爲者多故以禽獸之名雖有飛走之異其亦通也三九二十七七主星二十八宿方各七生主虎虎柄文似星也故虎七月而生二九十八八主風風之大數止於大也風主蟲蟲有蟄見似風動息也故蟲八月化也蟲多生非類也其餘各以其類也謂貍兔魚鱉之屬各以其類化者言亦有生而生之也鳥魚皆生于陰而屬於陽生於陰者謂卵生也屬於陽者謂飛游於虛也故鳥魚皆卵魚游于水鳥飛于雲

注其有二字須倒轉

注鴿一本作鳲

注忘當作志者當作有

注譯者句訛一本作釋者爲脂四字

釋上事也故冬鷰雀入于海化而爲蚧以同生于陰而屬於陽故其有形性也萬物之性各異類故蚕食而不飲蟬飲而不食蜉蝣不飲不食淮南子曰蚕食而不飲三十二日而化蟬飲而不食三十日而死蜉蝣不飲不食三日而終也介鱗夏食冬蟄熊羆魚蛇之屬齕吞者八竅而卵生鳥屬也凡物之有異類者韓詩内傳曰鴿鴿胎生孔子渡江見而異之者乎咀噍者九竅而胎生人及獸屬異物忘又曰狸十者一種囊狸卵生也四足者無羽翼戴角者無上齒董仲舒曰受於大者不取於小無角者膏疑者爲膏而無前齒無前齒者齒盛於後不用前也有羽者脂譯者爲脂也巳而無後齒齒盛於前不任後也晝生者類父夜生者類母至陰至陽類其多也至陰爲男至陽爲女者即陰窮反陽陽窮反陰之義凡地東西爲緯南北爲經山爲積德

注日月虧一作日月盛

注沃字下疑有脫字

能讀為耐

川為積刑 山積陽川積陰陽為德陰為刑 高者為生下者為死丘陵
為牡谿谷為牝蚌蛤龜珠與月盛虛 月者太陰之精故龜蛤之屬因
之以盛虧呂氏春秋曰日月望則蚌蛤實月晦則蚌蛤虛孝經援神契曰日月虧於天則陰類消於淵也
是故堅土之人肥虛土之人大 肥者蒙地堅實大者象地虛縱也一 沙
土之人細 沙土養細乃簿 息土之人美秏土之人醜 息土謂沃之田
秏土謂䟽簿之地地有美惡故生人有好醜也周礼大司徒職曰山林之民毛而方川澤之民黑而津丘
陵之民專而長墳衍之民皙而瘠原隰之民豐肉而痺此大辨五土之分 是故食水者善
游能寒 魚鱉之屬 食土者無心而不息 蚯蚓之屬不氣息也若魚無耳而听
蟋蟀無口而鳴皆自然之性 食木者多力而拂 熊羆之屬拂戾也 食草者
善走而愚 麋鹿之屬 食桑者有絲而蛾食肉者勇敢而捍

虎狼鷹鸇之屬（虎狼鷹鸇之屬）食穀者智惠而巧食氣者神明而壽（王喬赤松之類也西極亦有食氣之民也）不食者不死而神（甲於道者則神而常存也）故曰有羽之蟲三百六十而鳳凰爲之長有毛之蟲三百六十而麒麟爲之長有甲之蟲三百六十而神龜爲之長有鱗之蟲三百六十而蛟龍爲之長倮之蟲三百六十而聖人爲之長此乾坤之美類禽獸萬物之數也（三百六十乾坤之中央万一千五百二十當万物之數也）故帝王好壞巢破卵則鳳凰不翔焉好竭水搏魚則蛟龍不出焉好刳胎殺夭則麒麟不来焉好填谿塞谷則神龜不出焉故王者動必以道靜必以理動不以道靜不以理則自

天而不壽訞嬖數起神靈不見風雨不時暴風水旱
並興人民夭死五穀不滋六畜不蕃息

嬖當作孽

大戴禮記卷第十三

右大戴禮十三卷捴四十篇隋志所載亦十三卷而夏小正别爲卷唐志但云十三卷而無夏小正之别矣崇文總目則十卷而云三十五篇無諸本可正定也葢自漢興得先儒所記禮書凡二百四篇戴德删之爲八十五篇謂之大戴禮戴聖又删德之書爲四十九篇謂之小戴禮今立之學官者小戴書也然大戴篇始三十九終八十一當爲四十三篇中間鈌者四篇而重出者一篇（兩篇七十三）其上不見者猶三十八篇復不能合於八十五篇之數豈但當爲八十一邪其鈌者或既逸其不見者抑聖所取者也然哀公問

授壺二篇與小戴書無甚異禮察篇與經解亦同曾
子大孝篇與祭義相似則聖已取之篇豈其文無所
删者也勸學禮三本見於荀卿子至取舍之說及保
傅則見於賈誼䟽間與經子同者尚多有之按儒林
傳德事孝宣嘗爲信都太傅聖則爲九江太守今德
書乃題九江太守未知何所據也大抵漢儒所傳皆
出於七十子之徒後之學者僅習小戴記不知大戴
書多矣其探索陰陽窮析物理推本性命雜言禮樂
之辨器數之詳必有自來以是知聖門之學無不備
也予家舊傳此書嘗得范太史家一本校之篇卷悉

同其訛鈌謬誤則不敢改益懼其寖久而傳又加舛也乃刋置建安郡齋庶可攷焉淳熙乙未歲後九月

潁川韓元吉書

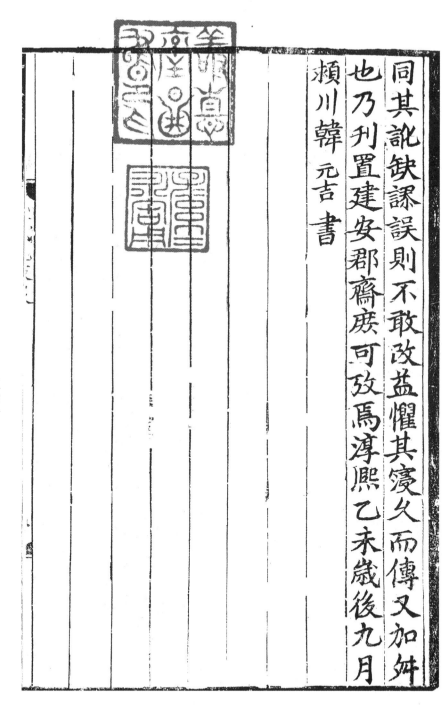

乾隆三十八年二月翰林院編修錫山嵇承謙受之校